中国旅游发展年度报告书系
Annual Development Report of China's Tourism

# 中国国内旅游发展年度报告 2024

ANNUAL REPORT OF CHINA DOMESTIC TOURISM DEVELOPMENT 2024

中国旅游研究院 著

北京·旅游教育出版社

图书在版编目（CIP）数据

中国国内旅游发展年度报告. 2024 / 中国旅游研究院著. -- 北京 : 旅游教育出版社, 2024. 11. -- ISBN 978-7-5637-4811-2

Ⅰ. F592.3

中国国家版本馆CIP数据核字第2024HY9330号

## 中国国内旅游发展年度报告2024
中国旅游研究院　著

| | |
|---|---|
| 责任编辑 | 郭珍宏 |
| 出版单位 | 旅游教育出版社 |
| 地　　址 | 北京市朝阳区定福庄南里1号 |
| 邮　　编 | 100024 |
| 发行电话 | （010）65778403　65728372　65767462（传真） |
| 本社网址 | www.tepcb.com |
| E - mail | tepfx@163.com |
| 排版单位 | 北京旅教文化传播有限公司 |
| 印刷单位 | 北京中科印刷有限公司 |
| 经销单位 | 新华书店 |
| 开　　本 | 787毫米×1092毫米　1/16 |
| 印　　张 | 5 |
| 字　　数 | 68千字 |
| 版　　次 | 2024年11月第1版 |
| 印　　次 | 2024年11月第1次印刷 |
| 定　　价 | 55.00元 |

（图书如有装订差错请与发行部联系）

## 《中国国内旅游发展年度报告 2024》编委会

主　任　戴　斌

副主任　李仲广　唐晓云

编　委（按姓氏音序排序）

戴　斌　　何琼峰　　李仲广　　马仪亮　　宋子千

唐晓云　　吴丰林　　吴　普　　杨宏浩　　杨劲松

## 《中国国内旅游发展年度报告 2024》编写组

主　编

黄　璜　中国旅游研究院规划与休闲研究所副研究员、博士

编辑部成员（按姓氏音序排序）

郭　娜　　黄　璜　　李　雪　　李叶茜　　佟舒阳

王志燕　　吴丰林　　于洪蕾

# 目录
## CONTENTS

**第一章 国内旅游发展基础和成就** ·········· 1
　一、国内旅游跑出复苏加速度，展现蓬勃生机 ·········· 2
　二、国内旅游迎来综合性政策支撑 ·········· 6

**第二章 国内旅游发展现状和展望** ·········· 11
　一、国内旅游发展总体特征 ·········· 12
　二、国内旅游发展趋势展望 ·········· 18

**第三章 国内旅游客源市场特征** ·········· 23
　一、国内旅游客源市场总体特征 ·········· 24
　二、国内旅游客源市场人口结构特征 ·········· 27
　三、国内旅游客源市场分省份特征 ·········· 32
　四、国内旅游客源市场促进政策和典型案例 ·········· 34

**第四章 国内旅游目的地市场特征** ·········· 37
　一、国内旅游目的地市场总体特征 ·········· 38
　二、国内旅游目的地市场分区域特征 ·········· 41
　三、国内旅游目的地市场各省（区、市）特征 ·········· 44
　四、国内旅游目的地市场政策研究和典型案例 ·········· 50

## 第五章　国内旅游流动特征 ················································· 55
一、国内旅游客流总体特征 ················································· 56
二、国内旅游客流空间特征 ················································· 58
三、国内旅游客流发展趋势 ················································· 62
四、交通和旅游融合发展政策和典型案例 ································· 64

## 第六章　国内节假日旅游特征 ············································· 67
一、国内节假日旅游发展特征 ·············································· 68
二、国内节假日旅游发展趋势分析 ········································· 70
三、国内节假日旅游发展政策和典型案例 ································· 72

# 第一章
## 国内旅游发展基础和成就

# 一、国内旅游跑出复苏加速度，展现蓬勃生机

随着疫情防控政策的优化调整，人们的旅游需求逐渐释放，国内旅游市场规模不断扩大。2023 年，我国国内旅游 48.9 亿人次，比 2022 年同期增加 23.6 亿人次，同比增长 93.3%。国内游客出游总花费 4.9 万亿元，比 2022 年增加 2.9 万亿元，同比增长 140.3%。

总体来看，2023 年国内旅游呈现出显著的全面复苏态势，全年的国内旅游人数和国内旅游收入分别恢复至 2019 年的 81.0% 和 86.0%。旅游市场强劲复苏，旅游业在稳增长、扩内需、促消费、强信心等方面的作用进一步彰显。

## （一）国内旅游客源市场持续扩大

2023 年是全面贯彻党的二十大精神的开局之年，是三年新冠疫情防控转段后经济恢复发展的一年。面对复杂严峻的国际环境和艰巨繁重的国内改革发展稳定任务，在以习近平同志为核心的党中央坚强领导下，各地区各部门坚持以习近平新时代中国特色社会主义思想为指导，全面贯彻落实党的二十大和二十届二中全会精神，按照党中央、国务院决策部署，坚持稳中求进工作总基调，完整、准确、全面贯彻新发展理念，加快构建新发展格局，着力推动高质量发展，全面深化改革开放，加大宏观调控力度，着力扩大内需、优化结构、提振信心、防范化解风险，国民经济回升向好，高质量发展扎实推进，现代化产业体系建设取得重要进展，科技创新实现新的突破，改革开放向纵深推进，安全发展基础巩固夯实，民生保障有力有效，社会大局和谐稳定，全面建设社会主义现代化国家迈出坚实步伐。

经济保持恢复发展，为国内旅游发展奠定坚实基础。2023 年我国新动能成长壮大、城乡融合和区域协调发展步伐稳健、绿色低碳转型深入推进。国内生产总值达到 1 260 582 亿元，比 2022 年增长 5.2%。全年人均国内生产总值 89 358 元，比 2022 年增长 5.4%。国民总收入 1 251 297 亿元，比 2022 年增长 5.6%。城镇新增就业 1244 万人，比 2022 年增加 38 万人。2023 年年末全国城镇调查失业率为 5.1%。居民消费价格比 2022 年上涨 0.2%。

人民生活水平稳步提高，推动旅游客源市场持续扩大。据统计，2023年全国居民人均可支配收入39 218元，比2022年增长6.1%（见图1-1）。其中，城镇居民人均可支配收入51 821元，比2022年增长5.1%，扣除价格因素，实际增长4.8%。农村居民人均可支配收入21 691元，比2022年增长7.7%，扣除价格因素，实际增长7.6%。随着居民收入不断增加，我国居民的国内旅游潜在出游能力也将进一步增强。

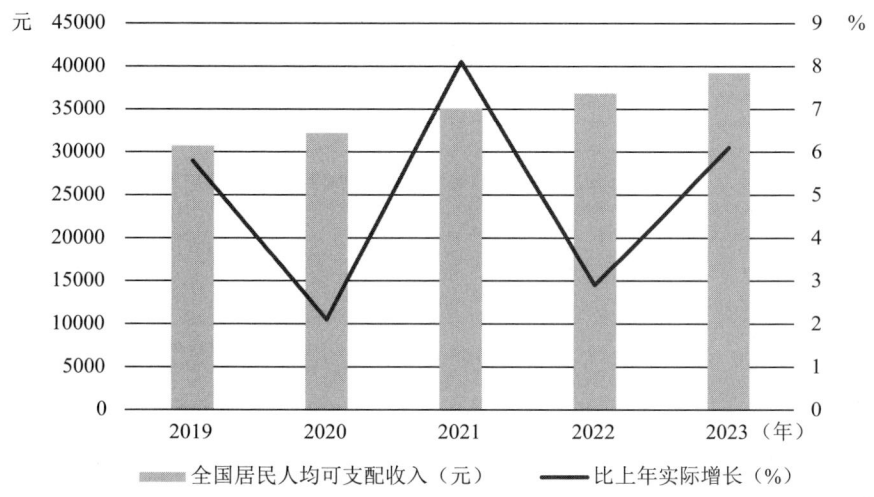

图1-1　2019—2023年全国居民人均可支配收入及其增长速度

资料来源：中华人民共和国2023年国民经济和社会发展统计公报。

2023年，全国居民人均消费支出26 796元，比2022年增长9.2%，扣除价格因素，实际增长9.0%。其中，城镇居民人均消费支出32 994元，增长8.6%，扣除价格因素，实际增长8.3%；农村居民人均消费支出18 175元，增长9.3%，扣除价格因素，实际增长9.2%。

从消费结构来看，2023年食品烟酒消费占比29.8%，排在首位；居住消费占比22.7%，排在第二位。2023年与2022年相比整体消费规模增长，消费重新成为经济增长主动力。2023年消费结构进一步优化，与生活质量相关的服务支出进一步增加，医疗保健、教育文化娱乐、交通通信等类别的消费比重持续提高。

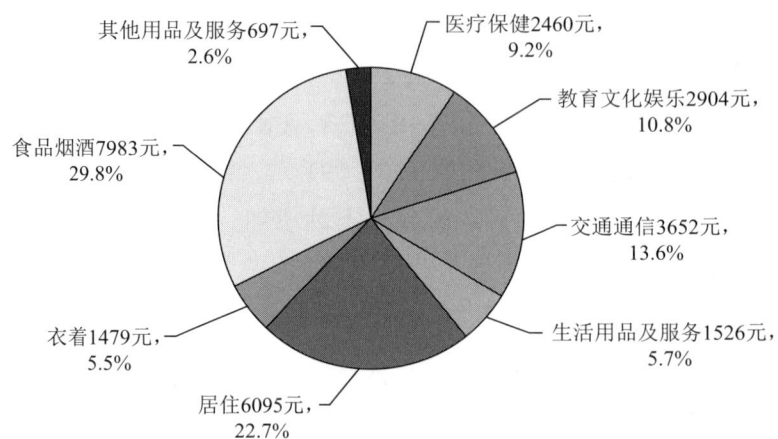

图 1-2　2023 年全国居民人均消费支出及其构成

资料来源：中华人民共和国2023年国民经济和社会发展统计公报。

2023 年是旅游行业强势复苏的一年，人们被压抑三年的出游需求得以释放，旅游逐步成为人们的一种生活方式，掀起了国民出游新热潮。

2024 年是旅游经济周期内优化和跨周期跃升的关键期，全年"供需两旺、积极乐观"。长三角、粤港澳、京津冀、成渝等主要的客源地，仍然发挥着繁荣阶段旅游经济火车头和压舱石的作用。普通城市、县城、小城镇甚至是乡村，越来越多地扮演客源地的角色，成为旅游消费新动力。

2024 年我国将开始进入新繁荣周期，升级的供给满足与升级的需求成为旅游市场主基调。露营旅游、冰雪旅游、美食旅游、体育旅游、海洋旅游、旅游演艺，以及近郊休闲、城市漫游等业态不断翻新迭代，旅游业新一轮创业创新的高潮将加快到来，不断推动人们的潜在旅游需求转变为有效旅游需求。

**（二）国内旅游目的地市场高开稳增**

2023 年，是全面贯彻党的二十大精神的开局之年。面对异常复杂的国际环境和艰巨繁重的改革发展稳定任务，以习近平同志为核心的党中央团结带领全国各族人民，顶住外部压力、克服内部困难，付出艰辛努力，新冠疫情防控实现平稳转段、取得重大决定性胜利，全年经济社会发展主要目标任务圆满完成，高质量发展扎实推进，社会大局保持稳定，全面建设社会主义现代化国家迈出坚实步伐。

2023 年我国不断加大宏观调控力度，推动经济运行持续好转，国内旅游复苏不断提速，全国旅游市场景气维持高位。同时，旅游企业家信心稳中有增，市场主体经营得到显著修复。各级政府高度重视旅游业发展，陆续出台了一系列释放消费潜力、促进旅游经济发展的政策措施，从刺激需求、丰富供给、培育产业和提升公共服务等方面综合施策，有力推动了旅游经济回升向好发展。

2023 年国内出游 48.9 亿人次，比 2022 年增长 93.3%。其中，城镇居民国内出游 37.6 亿人次，增长 94.9%；农村居民国内出游 11.3 亿人次，增长 88.5%。2023 年城镇居民的国内旅游人数大约是农村居民的 3.3 倍。

2023 年国内游客出游总花费 4.9 万亿元，增长 140.3%。其中，城镇居民出游花费 4.2 万亿元，增长 147.5%；农村居民出游花费 0.7 万亿元，增长 106.4%。

2023 年国内旅游目的地接待人数稳步恢复发展。从发展速度来看，2023 年国内旅游目的地市场相较 2022 年呈现出全面复苏的趋势。从现状规模来看，2023 年东部地区的整体国内旅游接待人数和国内旅游收入要高于中西部地区。目前东部地区的国内旅游目的地市场规模排首位，西部地区的国内旅游目的地市场规模紧随其后排第二，中部地区排第三，东北地区则排第四。

国内旅游目的地的空间分布呈现大聚集、小分散态势。各地纷纷以城市为主体进行旅游宣传营销和旅游形象打造，如哈尔滨冰雪大世界、西安大唐不夜城。同时，景区、度假区、街区、园区的旅游体系呈现明显加速组合的趋势，旅游活动与城市文化休闲共享公共服务设施和空间。普通城市、小机场城市、县城和小城镇成为国内旅游新的增长点。一方面，高铁交通基建的完善为游客通行带来便利；另一方面，仅有热门城市一半价格的酒店等消费更具吸引力。下沉市场基数较低，增长空间更大，在中国还有更多相对小众、冷门的"宝藏目的地"等待人们的探访。

**（三）国内旅游客流结构优化升级**

2024 年上半年，国内旅游客流保持快速增长态势。国内旅游目的地的可进入性将进一步提高，广阔的生态空间和农业空间将发挥旅游功能，最终促进我国旅游目的地的快速发展。在交通强国建设背景下，我国已建成全球最大的高速铁路网、高速公路网，高速交通基础设施覆盖范围持续扩大，将成为国内中远程旅游的重要支撑。农村交通网络通达性的提升，则有利于乡村旅游发展和乡村振兴战略的实现，有利于充分挖掘农村巨大的潜在旅游客源市场，促进城乡旅游协同发展。

我国的国内旅游客流随距离增加而衰减特征明显。省内旅游客流占国内旅游客流的3/4。2024年上半年，国内旅游客流呈现出显著的本地化、近程化特征。近程的省内旅游客流占到了全部国内旅游客流的74.9%，而远程的省际旅游客流仅占25.1%。东部地区是最重要的远程国内旅游客源地和目的地，中部和西部地区在远程国内旅游方面与东部地区还有较大差距，东北地区的远程国内客流则较少。远程国内旅游表现出相邻省份间互为客源地和目的地的特征。

## 二、国内旅游迎来综合性政策支撑

### （一）国务院办公厅推动旅游业高质量发展

2023年9月，国务院办公厅印发《关于释放旅游消费潜力推动旅游业高质量发展的若干措施》，旨在丰富优质旅游供给，释放旅游消费潜力，推动旅游业高质量发展，进一步满足人民群众对美好生活的需要，发挥旅游业对推动经济社会发展的重要作用。

### （二）文化和旅游部全面推动国内旅游复苏发展

2023年2月，文化和旅游部办公厅发布了《关于延长旅游服务质量保证金补足期限的通知》。通知指出，当前旅行社处于恢复发展的重要时期，为进一步用好旅游服务质量保证金政策，支持旅行社恢复发展，延长保证金补足期限。各地文化和旅游行政部门要深刻认识当前旅游市场恢复发展的阶段性特点，指导相关旅行社企业在全国旅游监管服务平台及时完成保证金信息变更和备案工作，督促旅行社依法依规经营，高度重视旅游市场秩序问题，对侵害旅游者合法权益的行为要依法处理，以确保旅游者合法权益不因保证金政策的调整而减弱。

同时，文化和旅游部发布了《关于印发〈文化和旅游标准化工作管理办法〉的通知》。该通知指出，为贯彻党的二十大精神，落实《国家标准化发展纲要》要求，进一步规范文化和旅游标准化工作，充分发挥标准化对行业高质量发展的引领和支撑作用，制定了《文化和旅游标准化工作管理办法》。

2023年2月，文化和旅游部印发了《关于推动非物质文化遗产与旅游深度融合发展的通知》。该通知旨在引导各地文化和旅游行政部门、非遗传承群体、旅游从业人员等相关主体，深刻认识非遗与旅游深度融合发展的重要意义，在融合发展中兼顾保护非遗与推动旅游发展，为各地深入推进非遗与旅游融合发展工作提供具体业务指导，鼓励非遗传承群体积极参与旅游管理和服务，推动非遗与旅游深度融合。

2023年3月，文化和旅游部发布的《关于推动在线旅游市场高质量发展的意见》，旨在进一步加强在线旅游市场管理，保障旅游者合法权益，发挥在线旅游平台经营者整合旅游要素资源的积极作用，促进各类旅游经营者共享发展红利，推动旅游业高质量发展。

2023年4月，文化和旅游部印发了《国家级文化产业示范园区（基地）管理办法》。该办法旨在提升国家级文化产业示范园区和国家文化产业示范基地的建设发展水平，规范其命名管理工作，以更好地发挥示范引领和辐射带动作用。

2023年6月，《文化和旅游部办公厅关于开展文化和旅游市场信用经济发展试点工作（2023—2024年）的通知》旨在深入贯彻党的二十大精神，落实中共中央办公厅、国务院办公厅印发的《关于推进社会信用体系建设高质量发展促进形成新发展格局的意见》对"推进试点示范"的要求，在系统总结前期试点经验的基础上，结合当前推动文化和旅游市场高质量发展的现实需求，开展文化和旅游市场信用经济发展试点工作。

2023年8月，文化和旅游部办公厅印发了《关于持之以恒推动乡镇综合文化站创新发展的实施方案》。该方案旨在深入贯彻落实党的二十大精神，进一步强化乡镇综合文化站在乡村文化建设和基层治理中的阵地作用。乡镇综合文化站是建设现代公共文化服务体系、推动乡村文化振兴的重要阵地，也是加强乡村社会治理的重要基础。

2023年11月，文化和旅游部印发了《国内旅游提升计划（2023—2025年）》。该计划的主要目标是到2025年，国内旅游市场规模保持合理增长、品质进一步提升。国内旅游宣传推广效果更加明显，优质旅游供给更加丰富，游客消费体验得到有效改善、满意度进一步提升，旅游公共服务效能持续提升，重点领域改革取得突破，旅游市场综合监管机制更加健全，现代治理能力进一步增强，国内旅游市场对促进消费、推动经济增长的作用更加突出。

**（三）各部委组合政策营造国内旅游发展大部门格局**

1. 文旅融合

2023年5月，国家文物局、文化和旅游部、国家发展改革委联合印发了《关于开展中国文物主题游径建设工作的通知》。通知指出，文物主题游径是以不可移动文物为主干，以特定主题为主线，有机关联、串珠成链，集中展示专题历史文化的文化遗产旅游线路。建设文物主题游径，有利于文物保护与利用，让陈列在广阔大地上的遗产更好地活起来；有利于文物与旅游深度融合发展，增益旅游历史文化底蕴，满足人民日益增长的美好生活需要，服务国家战略和经济社会发展。

2. 农旅融合

2023年1月，文化和旅游部办公厅、教育部办公厅、自然资源部办公厅、农业农村部办公厅、国家乡村振兴局综合司联合发布了《关于开展文化产业赋能乡村振兴试点的通知》。该通知指出，通过在全国选择部分县（市、区）开展文化产业赋能乡村振兴试点工作，充分发挥县域统筹规划、资源配置作用，推动各试点地区因地制宜，突出特色，改革创新，探索实施文化产业赋能乡村振兴新路径，在体制机制、发展举措、产业导入、政策保障等方面先行先试，促进乡村文化和旅游融合发展，形成可复制可推广的典型经验做法在全国推广，推动建设宜居宜业宜游和美乡村。

3. 体旅融合

2023年3月，文化和旅游部、国家发展改革委联合印发了《东北地区旅游业发展规划》(下文简称《规划》)。该《规划》对接东北全面振兴国家战略，提出世界级冰雪旅游度假地、全国绿色旅游发展引领地、边境旅游改革创新样板地、跨区域旅游一体化发展实践地等四个发展定位。

同时提到利用东北地区冬季漫长的特点，大力发展冰雪体育旅游，建设更多的滑雪度假村、综合性的冰雪运动场馆，打造具有国际影响力的冰雪体育赛事和具有地方特色的冰雪民俗体育赛事。夏季则利用东北地区众多的河流、湖泊资源，开展水上运动项目。例如，在松花江、镜泊湖等地，规划建设水上运动基地，开展皮划艇、帆船、水上摩托艇等项目。组织水上运动培训课程，吸引游客参与体验，同时举办水上运动赛事，提升区域的知名度。

4. 交旅融合

2023年3月，交通运输部办公厅、文化和旅游部办公厅发布了《关于加快推进城乡道路客运与旅游融合发展有关工作的通知》。该通知旨在加快推进城乡道路客运与旅游融合发展，着力构建便捷高效、服务优质、安全有序的旅游客运服务体系，激发旅游消费潜力、释放市场活力，更好地满足人民群众多层次、个性化、品质化需求。

2023年12月，交通运输部、文化和旅游部经部务会审议通过了《推进旅游公路高质量发展五年行动方案（2023—2027年）》。该方案提出了旅游公路设施建设提质、旅游公路服务水平升级、旅游公路路域环境优化、旅游公路融合发展创新、旅游公路技术支撑强化5大行动，旨在推动公路与旅游融合高质量发展，力争到2027年基本建成旅游公路建设标准和评估体系。

5. 智慧旅游

2023年4月，工业和信息化部、文化和旅游部联合印发了《关于加强5G+智慧旅游协同创新发展的通知》。该通知的总体目标是到2025年，使我国旅游场所5G网络建设基本完善，5G融合应用发展水平显著提升，产业创新能力不断增强，5G+智慧旅游繁荣、规模发展。

2023年8月，文化和旅游部办公厅、工业和信息化部办公厅发布了《关于组织开展"5G+智慧旅游"应用试点项目申报工作的通知》。该通知的试点目标是培育一批以5G等新一代信息技术赋能旅游业融合创新发展的典型应用，树立一批示范带动性强、可复制推广的标杆项目，为全国范围内推动"5G+智慧旅游"健康发展提供经验，助力旅游业高质量发展和数字中国建设。

2023年8月，工业和信息化部办公厅、教育部办公厅、文化和旅游部办公厅、国务院国资委办公厅、广电总局办公厅联合印发了《元宇宙产业创新发展三年行动计划（2023—2025年）》。该计划指出要推广沉浸交互的生活消费场景，建设文旅元宇宙，围绕文化场馆、旅游景区和街区、节事活动等应用场景，提供数字藏品、数字人讲解、XR导览等产品和服务。打造数字演艺、"云旅游"等新业态，打造数智文旅沉浸式体验空间。

6. 旅游金融

2023年6月，文化和旅游部办公厅与中国银行联合发布了《关于金融支持乡村旅游高质量发展的通知》。为深入贯彻落实党的二十大关于全面推进乡村振兴的决策部署，贯彻落实近年中央一号文件精神，促进乡村旅游高质量发展，助力全面推进乡村振兴，文化和旅游部与中国银行共同研究，提出金融支持乡村旅游高质量发展的相关措施。

# 第二章
## 国内旅游发展现状和展望

# 一、国内旅游发展总体特征

受需求拉动、供给创新和政策促进等多重因素的影响，2024年旅游经济进入繁荣发展新周期。旅游经济高开稳走，供需两旺，假日旅游人潮涌动，旅游稳步复苏。旅游业的情绪价值、消费促进、投资拉动和就业价值得到充分释放，旅游人次、旅游收入等主要经济指标实现了预期目标，全年旅游市场有望恢复并接近2019年水平。

经中国旅游研究院（文化和旅游部数据中心）测算，2024年前三季度旅游经济运行综合指数（CTA-TEP）为110.97[①]，同比下降0.1%，处于景气区间。

## （一）国内旅游经济运行分析

根据国内旅游抽样调查统计结果，2024年前三季度，国内出游人次42.4亿，比2023年同期增加5.6亿，同比增长15.3%。其中，城镇居民国内出游人次32.7亿，同比增长14.9%；农村居民国内出游人次9.7亿，同比增长16.7%。分季度来看，第一季度国内出游人次14.2亿，同比增长16.7%；第二季度国内出游人次13.1亿，同比增长11.8%；第三季度国内出游人次15.1亿，同比增长17.2%。据中国旅游研究院预测，预计2024年第四季度国内出游人次14.4亿，同比增长18.6%（见图2-1）。

2024年前三季度，国内游客出游总花费4.3万亿元，比2023年同期增加0.7万亿元，同比增长17.9%。其中，城镇居民出游花费3.7万亿元，同比增长17.1%；农村居民出游花费0.6万亿元，同比增长22.5%。分季度来看，第一季度国内旅游收入1.5万亿元；第二季度国内旅游收入1.2万亿元；第三季度国内旅游收入1.6万亿元。据中国旅游研究院预测，预计2024年第四季度国内旅游收入1.6万亿元（见图2-2）。

---

① 资料来源：2024年前三季度旅游经济形势分析与全年趋势预测.旅游内参，2024（18）.

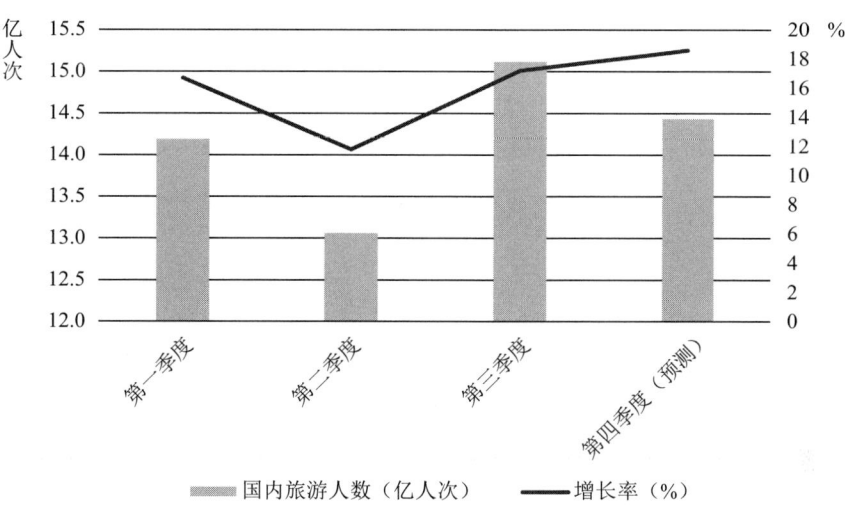

图 2-1　2024 年各季度国内旅游人数和增长率

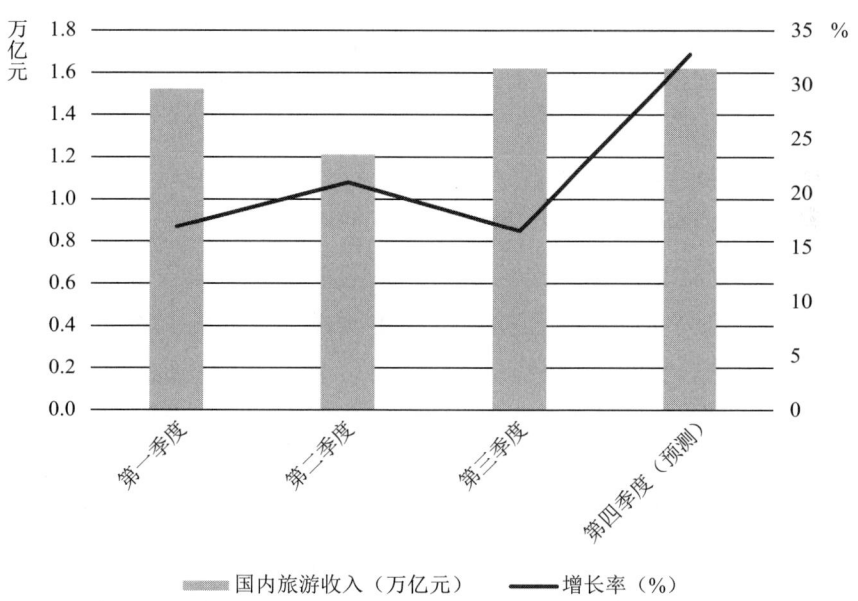

图 2-2　2024 年各季度国内旅游收入和增长率

受旅游市场下沉和需求升级、文旅融合和科技创新、中央高位推进和政策效应释放等多重利好影响，2024 年前三季度旅游经济加速复苏，稳步进入繁荣发展新周期。据中国旅游研究院预测，预计 2024 年全年旅游人数达 56.8 亿人次，国内旅游总花费达 5.9 万亿元（见图 2-3）。

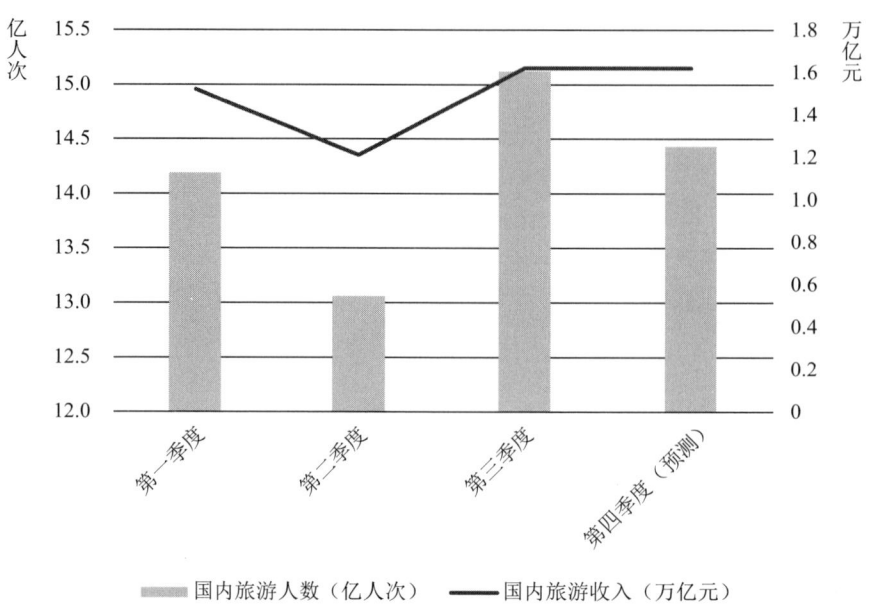

图 2-3　2024 年各季度国内旅游人数和收入

（二）国内旅游产业特征分析

1. 旅游产业增长整体乐观

从增量扩张到存量优化，旅游业发展动能转换与结构调整需要一个漫长的过程。旅游类上市公司的财报数据和旅游集团样本企业的调查表明，旅游行业整体表现还是比较乐观的，约七成企业 2024 年前三季度实现盈利，但是细分业态和微观企业存在明显体感差异。

景区度假区板块的宋城、复星、祥源、长白山和上海迪士尼、北京环球适应需求变化，通过产品迭代和商业创新实现了营业和利润指标的增长，而张家界、曲江文旅等出现亏损或利润增速下滑。旅行服务业特别是头部企业的业绩普遍上扬，以携程、同程、途牛为代表的在线旅游平台在营收和归母净利润方面均有较好表现，众信旅游、岭南控股在出境旅游市场获得了经营增量。酒店板块的亚朵、首旅、锦江等头部住宿企业依托规模优势和品质化产品升级实现利润增长，开元、东呈保持了营业增长，而君亭、格林等酒店出现利润下滑。

头部企业与创新型主体的稳中向好，以及传统企业的不进则退，是现代旅游业转型过程中的正常现象。如果任由舆情遮蔽转型创新的业绩优秀者，而过度关注部分传统企业的业绩下滑，放大所谓的"旺丁不旺财"负面声量甚至唱衰旅游业，将会误判旅游经济形势并影响旅游发展信心。

2. 旅游企业出海和国际化发展

旅企出海已现端倪，国际化战略成为新增长点。伴随规模扩张模式在国内市场的红利减弱，以及东南亚、中东等新兴市场活力的显现，在海外目的地税收优惠和投资补贴的政策激励下，出海正成为众多旅企的战略选择。

华住、德胧、中旅等多家酒店集团正通过品牌收购、海外投资特许经营等方式进军海外市场，寻找新的经济增长点。酒店科技企业也顺势而出，在技术含量更高的板块与国际企业并肩竞争。携程、同程、飞猪、客路等平台企业的国际化战略推进更快，在海外供应链重塑、国际客群拓展、多语言环境优化、海外目的地合作等方面都有显著推进。

3. 旅游企业智慧化发展

旅游企业加速拥抱 AI、数字化等新质生产力。2024 年上半年，新注册旅游科技相关企业达 22183 家[①]，智慧管理、智能服务、娱乐装备、出行装置、低碳交通、数字文旅、沉浸式演艺等旅游相关技术发展提速，新质生产力对旅游经济运行的支撑明显增强。以生成式人工智能技术为核心的旅游相关垂直大模型全面赋能旅游供需。

航旅纵横"千穰"大模型整合民航数据资源，使机场实现智慧生产和运行，有效缓解旅客排队情况，同时为旅客提供行程规划和航班咨询。携程"问道"大模型为全球超过 20 种语言的游客提供行前、行中、行后的智能助手服务，为携程客服日均节约超 10000 小时工作时间，相当于日均解放超 1000 名客服人力。

4. 新兴目的地迎来新机遇

从区域格局上看，京津冀、长三角、大湾区、长江中游、成渝、中原等城市群仍然是主要客源地和目的地，客流以城市群内部流动为主。中国旅游研究院（文化和旅游部数据中心）的客流监测数据显示，重庆主城区与周边区县、广州与佛山、广州与深圳、西安与咸阳、无锡与苏州城市间客流互动活跃度，位居 2024 年前三季度特别是节假日和暑期旅游市场的第一方阵。上山下海入草

---

① 资料来源：2024 年上半年旅游经济运行分析与下半年预测. 旅游内参, 2024（12）.

原，剧场音乐博物馆，旅游资源开发呈现多点突破、创新显现的态势。从暑期数据来看，游客流入重心和流出重心均开始北上南移，西南、华南和东北山区、华北和西北草原和林区、东南沿海城市、山东半岛等地客流增长明显。航空、高铁、高速公路和长江、大运河等航运交通网络的完善正在重构旅游空间新格局。越来越多的游客选择自驾方式慢节奏地深度体验自然风光和风俗民情，云南、陕西、西藏、四川、内蒙古是最受欢迎的自驾旅游目的地。

新兴目的地主动营销、性价比优势、美丽乡村建设成就和公共服务的不断完善，为低线城市、县域和乡村旅游带来全新的发展机遇。需求的多样化和市场细分也给更多小众目的地带来了"资源长板""价格洼地"的优势成长机会，万宁的冲浪、张家口的滑雪、阳朔的攀岩、腾冲的温泉都吸引着匹配度更高、黏性更高的游客重复到访。

5. 政策红利释放旅游业创新发展潜力

2024年5月17日，中央在北京召开全国旅游发展大会，习近平总书记对旅游工作作出重要指示，有力提振了旅游强国建设和高质量发展的信心。国家旅游发展战略、中央和地方政府政策文件密集出台，为加快建设现代旅游业体系和战略性支柱产业、民生产业、幸福产业提供了强有力的政策支撑。国务院办公厅印发的《关于促进服务消费高质量发展的意见》《关于释放旅游消费潜力推动旅游业高质量发展的若干措施》，以及正在推进的世界级旅游目的地、世界级旅游线路、世界级旅游景区和度假区、国家级旅游城市和街区建设，将有效促进文化新空间和旅游消费新场景加速迭代。中共中央、国务院印发的《关于加快经济社会发展全面绿色转型的意见》，为绿色旅游发展、促进文化和旅游深度融合发展提供方向引领。各地召开旅游业发展大会，党委和政府高位推动，将文化和旅游纳入战略性支柱产业加以培育，形成了前所未有的有利于旅游发展的政策环境。

**（三）国内旅游需求特征分析**

1. 市场下沉与需求升级并存

二元市场结构正在改善，下沉市场潜力显现。旅游经济发展中的城市与乡村，高线与低线城市的二元结构仍然存在，但差距正在缩小。2024年春节，全国农村居民出游率24.6%，出游人数占国内游客出游人次的24.7%，出游距离和目的地停留时间也有明显提升。

在游客主动避开热门城市、性价比优势突出、目的地政府部门主动作为等多重因素下，普通旅游城市频频出圈，流量的涌入带来了新的发展机遇，高低线城市差距收窄的拐点或已显现。2024年五一假日期间，游客接待量前十省份的接待总量占全国游客总接待量的58.7%，较2023年下降3.2%，集中度正在降低。根据中国旅游研究院与深大智能集团游憩场景科技联合实验室数据监测，2024年第二季度三线以下城市客源的景区预约量占比已达到预约总量的43.9%。中小城市、中心城镇和发达地区重点乡村等下沉市场是新兴的旅游目的地，也是日渐增长的旅游客源地，更是旅游经济可持续发展的市场基础。

下沉市场的发展彰显旅游权益的更大范围的普及，人均消费不是判断旅游消费升降级的标签。下沉市场的渗透表明更多国民加入旅游发展进程中，旅游成为更多人可享可感的幸福体验。

下沉市场并不意味着需求降级，人均消费也不应该成为判断消费降级的标签。随着城市游、周边游、乡村游等短程游在近年得到长足发展，当旅游成为越来越多人的日常生活选项，毫无疑问会带来出游人次总量的增长与单次人均消费的下降。

市场下沉发展有利于构筑更完整的需求层次体系，进而孕育更加丰富的产品供给序列。旅游初体验者的加入让平价标准品有了更厚实的市场基础，量产带来的成本下降使普惠体验成为可能，"性价比"经济将进一步释放下沉市场活力。丰厚的需求土壤也为多元的细分需求和升级需求提供了成长空间。面对年轻人追求新玩法、青少年要真研学、新老年更重品质、精品小团替代大团、散客多于团队等新需求，市场主体对客端的适应力、产品力、服务力、营销力、供应链管理能力还有明显的提升空间。

2. 旅游消费更为理性

持续居于高位的城乡居民出游意愿，特别是下沉市场的需求升级表明旅游休闲的刚性特征日趋显化。无论是假日期间的边吐槽边出游，还是非假日期间的城市休闲、郊野休闲和乡村旅游带来的短程旅游频次增加，都充分彰显了旅游已经成为中国式现代化进程中不可或缺的生活方式、学习方式和成长方式。只要有高频次、高复购的客流，就会有不可逆转的消费增长和越发坚实的市场基础。

受经济下行、消费预期减弱、动能转换周期和政策效应滞后的影响，旅游领域不同程度地存在着中端消费疲软，高端消费与平替消费并存的现象。年轻人主导的"平替旅游""反向旅游""特种兵旅游""白牌经济"标志着一个基于性价比的理性消费时代的来临。事实上,"可以买贵的,但不能买贵了"的消费理性也同样发生在高端消费领域。既要好玩,又要物有所值,甚至物超所值是当下旅游消费需求的真实写照,是旅游市场走向成熟的标志,也是旅游业高质量发展的必由之路。

## 二、国内旅游发展趋势展望

2024年和未来一个时期,国内旅游发展的中心任务是务实推进《国内旅游提升计划(2023—2025年)》,以保障国民旅游权利、提升游客满意度和获得感为导向,加强对不同类型、不同特色、不同层次的旅游目的地建设的分类指导,以文化创造和科技创新引领消费需求,培育旅游业高质量发展动能,以"文化+""+旅游"创造文化新场景,拓展旅游空间,以需求升级和动能创新为引领推进旅游业高质量发展。据中国旅游研究院预测,预计2024年全年国内旅游人数和旅游收入分别为56.8亿人次和5.9万亿元(见图2-4),接待规模和收入规模分别增长16.0%和22.0%(见图2-5)。

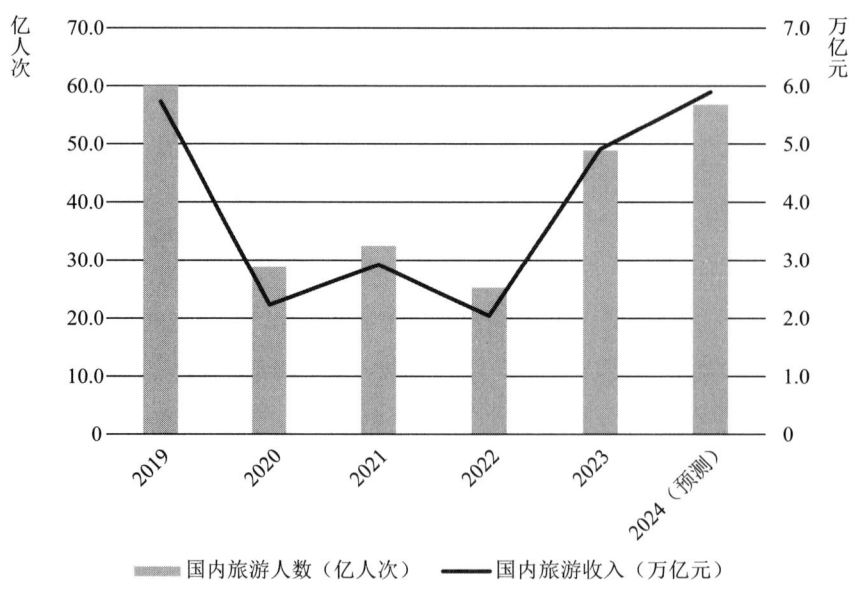

图 2-4  2019—2024年国内旅游人数和国内旅游收入

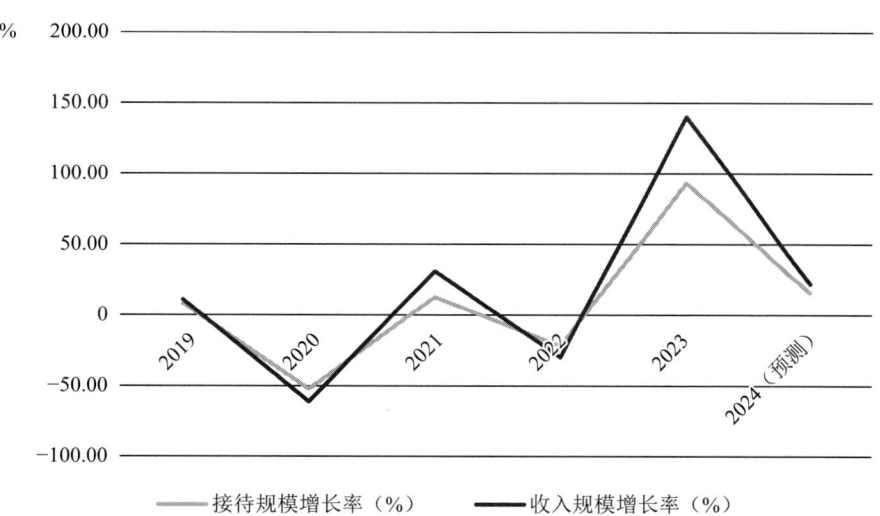

图 2-5　2019—2024 年接待规模增长率和收入增长率

**（一）新兴市场主体涌入推动旅游业进入由"供给创造需求"新阶段**

随着人们的旅游经验日益丰富，对旅游产品的吸引力、体验感和情绪价值提出了更高的要求。2023 年旅游市场快速复苏，但市场主体感受差异巨大，传统旅游产品进入发展的平台期，获得的复苏红利非常有限，时尚现代有内容的新产品受到追捧，相关市场主体扩容发展的意愿非常强烈。

2024 年开始进入新繁荣周期，升级的供给满足与升级的需求成为旅游市场主基调。祥源控股旗下 40 个主要旅游项目，2024 年计划对其中 35 个进行内容填充为主的重大升级改造。乌镇的民宿升级改造也提上了议事日程，中交集团也加快了围绕高速服务区和典型桥梁的旅游活化改造。而抖音、小红书、新东方、饿了么、泡泡玛特、乐高、三只松鼠等跨界市场主体争相开拓旅游业务，打造了旅游＋直播、旅游＋美食、旅游＋乐园、旅游＋地产等融合型产品，满足了游客多样化旅游需求。新的一年，随着文化和旅游在更深程度、更广范围、更高层次的融合发展，以人工智能、先进制造、数字化为代表的新质生产力在旅游业广泛应用，露营旅游、冰雪旅游、美食旅游、体育旅游、海洋旅游、旅游演艺，以及近郊休闲、城市漫游等业态不断翻新迭代，旅游业新一轮创业创新的高潮加快到来，不断推动人们的潜在旅游需求转变为有效旅游需求。

**（二）国家政策重点转向兼顾需求侧和供给侧的跨周期调控**

近年来，旅游经济经历了非常规周期的急剧衰退、深度萧条和快速复苏三个阶段。在预算连年收缩的大背景下，各级政府从需求侧入手，想方设法拿出大量财政资金用于发放文旅优惠券、补偿门票和高速公路通行费减免、举办大型活动，争相将体育赛、音乐节、演唱会、科技、非遗、主题展与国风汉服等融入现代生活，不断形成文旅消费新亮点，取得了很好的市场效果，为推动本轮非常规周期加快完结发挥了积极作用。

但是2023年旅游经济快速增长，远没有抹平前几年的潜在增长损失，继续提振的政策空间非常巨大。2024年是旅游经济发展新旧周期转换的关键一年，旅游经济的驱动力将由近几年的消费主导转变为消费和投资双主导，旅游市场将保持快速增长，紧缩导向的逆周期调节与抹平潜在增长损失背道而驰。需要在繁荣发展的上升周期中进一步加大促进消费和丰富供给的跨周期操作，推动旅游经济更快回归到长期稳定的增长趋势上来。特别融资债券发行和各地财政收入继续保持增长，政府旅游融资平台经过一年的业务复苏，现金流获得明显改善，有意愿也有能力在需求侧和供给侧协同发力，抢占新阶段发展先机。

**（三）发挥政府平台在旅游项目投资中的引导示范作用**

在经历重大危机之后，旅游企业倾向于在市场机会进一步明朗之后放开投资的手脚，导致旅游企业家信心修复滞后于市场规模修复往往超过一年。

随着国家公园、国家文化公园、世界级旅游景区和度假区、国家级旅游休闲城市和街区、乡村旅游、红色旅游、研学旅游等国家层面旅游战略的推进，需要各级各地国有旅游企业担当社会责任领投项目，最大限度消除社会资本的投资顾虑。积极协调有关部门防止旅游地产项目抽贷，增加点状供地，降低间接融资成本。对于交旅融合、港旅融合、城市更新等公益属性强投入高回报期长的旅游项目，要协商降低投资主体的资金使用成本。

实施市场主体培育计划，发挥以二十强集团为代表的旅游集团上市公司的资本和创新研发优势，避免渠道商之间的零和博弈，加大资源端市场主体扶持和培育力度，做好增量文章。保护和激发小微市场主体活力，加大"产转法""个转企"支持力度，创新保险产品增强中小旅游企业抗风险能力。

**（四）落实全国旅游发展大会精神提升企业家信心和产业景气**

2024年旅游业已从萧条重回繁荣新阶段，要落实好全国旅游发展大会精神，加快推进世界级旅游景区和度假区、世界级旅游目的地、世界级和国家级旅游线路、世界一流旅游企业、国家级旅游休闲城市和街区建设。发挥协调机制的作用,强化政策配套和央地协同,科学指导地方旅游目的地建设和行业发展。及时启动"十五五"旅游规划前期研究,发布新时期国家旅游发展战略。围绕传统业态转型升级和市场主体创业创新的现实关切,稳住旅游消费预期,提振旅游市场信心,不断优化旅游营商环境。

# 第三章
## 国内旅游客源市场特征

# 一、国内旅游客源市场总体特征

## （一）国内旅游客源市场强势复苏

受 2023 年旅游市场繁荣信号影响，各地旅游业发展预期大幅提升，多个省市提出"建设世界级旅游目的地""打造万亿级旅游产业"等发展目标，创建世界级旅游景区和度假区、国家级旅游城市和街区、高等级旅游景区和高星级旅游住宿设施。

旅游经济政策将从过去四年面向需求侧的逆周期调节，转向兼顾需求侧管理和供给侧结构性改革的跨周期调控。随着城乡居民的生产生活恢复常态，旅游消费潜力的释放越来越多取决于闲暇时间、可自由支配收入等市场内生变量。

2023 年，国内出游人数为 48.9 亿人次。其中，城镇居民国内出游 37.6 亿人次，占总出游人数的 76.9%；农村居民国内出游 11.3 亿人次，占总出游人数的 23.1%（图 3-1）。

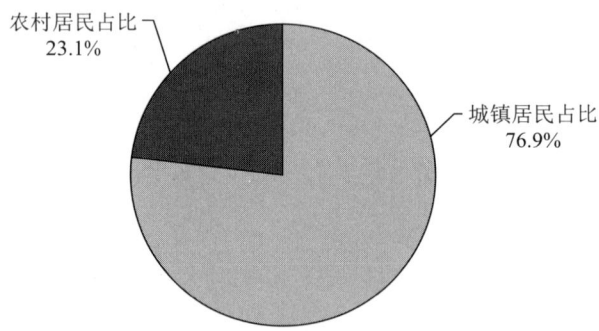

图 3-1　2023 年国内旅游人数城镇和农村居民占比

2023 年国内游客出游总花费 4.9 万亿元，同比增长 140.3%。其中，城镇居民出游花费 4.2 万亿元，同比增长 147.5%，占总花费的 85.7%；农村居民出游花费 0.7 万亿元，同比增长 106.4%，占总花费的 14.3%（图 3-2）。

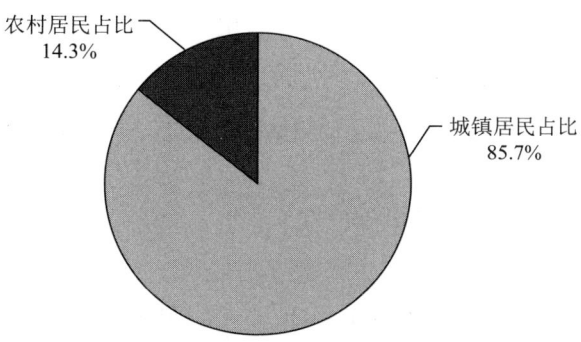

图 3-2 2023 年国内旅游消费城镇和农村居民占比

**（二）国内旅游需求具有强劲增长动力**

从近年的国内旅游发展趋势来看，国内旅游市场需求长期保持着强劲的增长态势（图 3-3）。2013—2019 年，国内旅游出游人数从 2013 年的 32.6 亿人次增长到了 2019 年的 60.1 亿人次，6 年间增长了 27.5 亿人次。国内旅游收入从 2013 年的 2.6 万亿元增长到了 2019 年的 5.7 万亿元，6 年间增长了 3.1 万亿元。

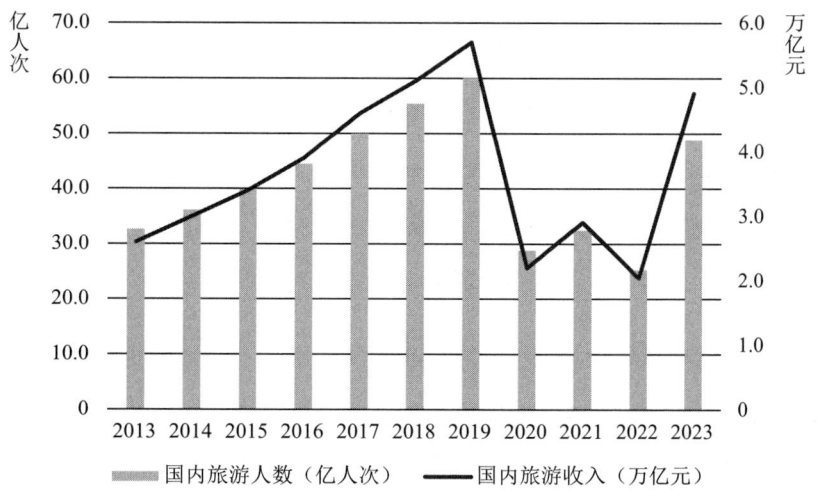

图 3-3 2013—2023 年国内旅游接待量和收入规模的变化

受新冠疫情的影响，2020 年国内旅游市场需求出现了大幅度的下跌。在疫情形势相对平稳后，国内旅游市场需求又呈现出企稳回升的趋势。2021 年，国内旅游收入从 2020 年的 2.2 万亿元迅速回升到 2021 年的 2.9 万亿元。国内旅游出游人数从 2020 年的 28.8 亿人次回升到 2021 年的 32.5 亿人次，上升幅度为 12.8%。2022 年，国内疫情多点频发、持续不断，疫情防控政策力度加大，人们旅游出行受限，严重影响了旅游市场的正常经营和恢复。2022 年国内旅游人次从 2021 年的 32.5 亿人次下降到 25.3 亿人次，而国内旅游收入从 2021 年的 2.9 万亿元下降到 2.0 万亿元，下降幅度为 31.0%。2023 年，国民经济恢复向好态势明显，经济基本面回暖。受旅游市场需求高涨、消费回暖和政策释放的多重利好影响，旅游业复苏潜力显著释放。2023 年国内旅游收入从 2022 年的 2.0 万亿元迅速回升到 4.9 万亿元。国内旅游出游人数从 2022 年的 25.3 亿人次回升到 2023 年的 48.9 亿人次，上升幅度为 93.3%（图 3-4）。

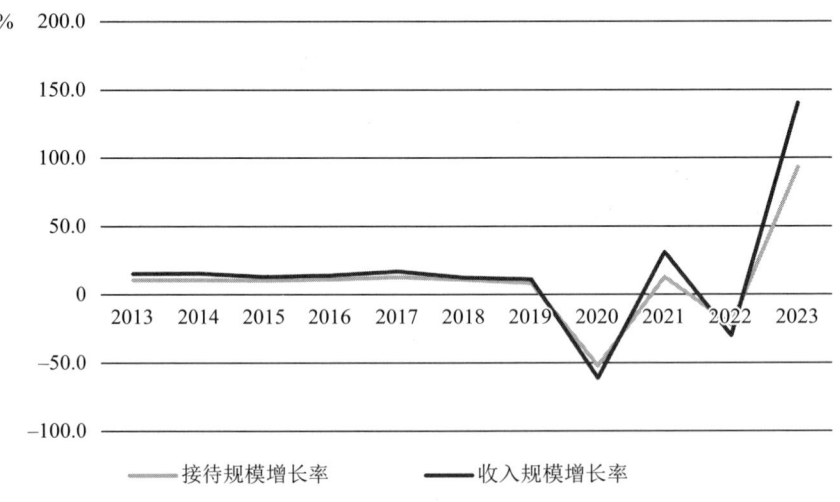

图 3-4　2013—2023 年国内旅游市场增长率

从 2023 年的四个季度来看，国内旅游正向增长。分季度看，其中第一季度国内出游人数为 12.2 亿人次，同比增长 46.5%。在第一季度之后，国内旅游出游人数增速加快。2023 年第二季度国内旅游出游人数为 11.7 亿人次，比 2022 年第二季度增长 86.9%。2023 年下半年的国内旅游出游人数与 2022 年下半年相比增长迅猛。2023 年第三季度国内出游人数是全年最多，出游人数达 12.9 亿人次，与 2022 年第三季度相比增加了 101.9%。2023 年第四季度，国内旅游出游人数有 12.2 亿人次，与 2022 年第四季度相比增加了 179.1%（图 3-5）。

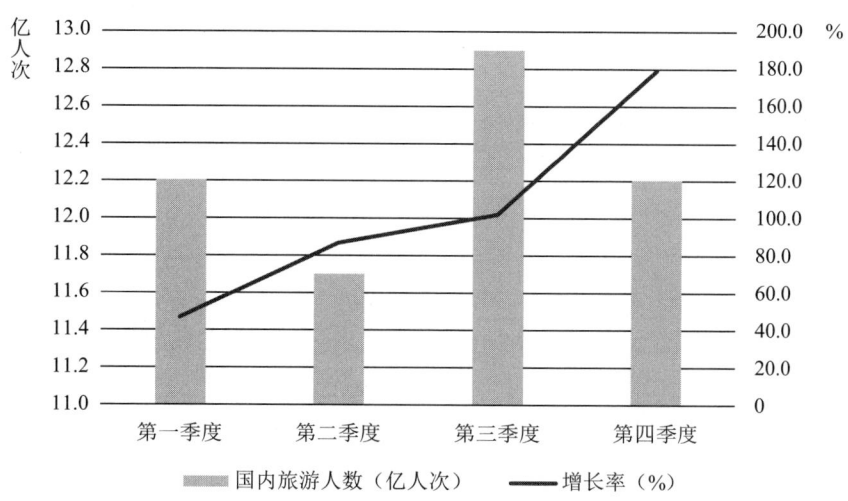

图 3-5　2023 年分季度国内旅游人数及增长率

### （三）国内旅游步入快速复苏轨道

2023 年，随着旅游接触型消费限制政策的放开和一系列促消费政策的落地见效，国内旅游逐步摆脱了过去三年的深度萧条，恢复了正常发展节奏。旅游经济已经度过本轮非常规周期的急剧衰退和深度萧条阶段，步入快速复苏的轨道。

2024 年，各地旅游人潮涌动，居民出游意愿强烈，旅游业信心同步走高，为旅游经济发展打开了高开稳走的通道。新兴市场主体加速涌入，旅游发展开始由"供给迎合需求"发展为"供给创造需求"新阶段。旅游经济发展中的城市与乡村，高线与普通旅游城市的二元结构仍然存在，但差距正在缩小。

## 二、国内旅游客源市场人口结构特征

### （一）国内旅游客源市场呈现城乡二元结构

如图 3-6 所示，在 2023 年的国内旅游出游人数中，城镇居民出游人数达到了 37.6 亿人次，农村居民出游人数达到了 11.3 亿人次，城镇居民占据了国内旅游出游人数的 76.9%，农村居民占据了国内旅游出游人数的 23.1%。

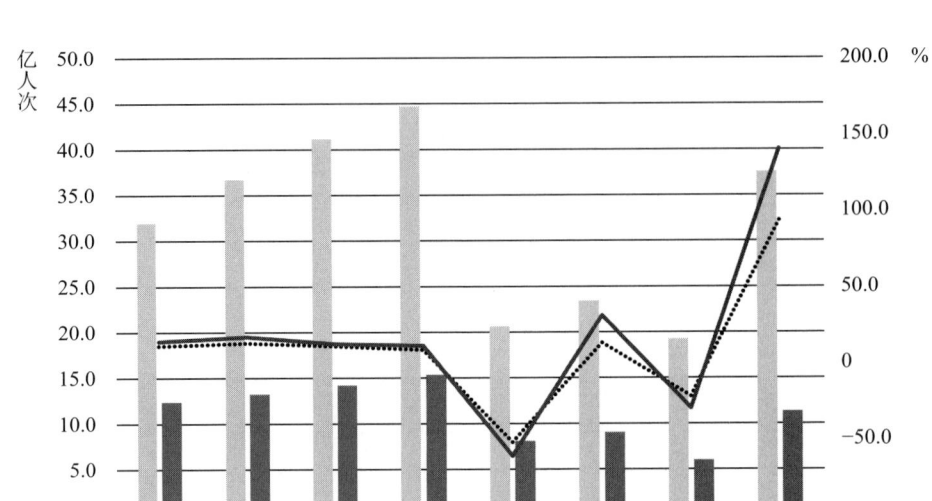

图 3-6 2016—2023 年城乡居民国内旅游人数总量和增长率

2016—2023 年，城镇居民的国内旅游出游人数都显著高于农村居民，这是多重经济社会因素共同作用的结果。首先，2023 年年末城镇常住人口 93267 万人，[①] 全国常住人口城镇化率为 66.2%，比 2022 年年末提高 0.94 个百分点，可见城镇居民占据了我国总人口的大多数。其次，城镇居民的国内旅游出游率远高于农村居民。在城镇居民国内旅游出游率持续提升和城镇化稳步推进的背景下，预计我国城镇旅游者占据国内旅游客源市场主体的特征还将长期持续下去。

在新冠疫情影响下，2020 年城镇和农村国内旅游人数都出现了大幅度下降，到 2021 年国内旅游人数又有一定程度的回升。2022 年疫情多点暴发、防控政策更加严密，城镇、农村居民出游影响更大。2023 年，随着财政政策、金融政策和产业纾困扶持措施的综合发力，中央和地方对基础设施、公共服务和科技创新的持续投入，国内旅游发展的基础更加坚实，城镇、农村居民出游人数迅猛增加。因此，2023 年城镇居民国内出游人次达 37.6 亿，同比增长 94.9%；农村居民国内出游人次 11.3 亿，同比增长 88.5%。

---

① 资料来源：中华人民共和国 2023 年国民经济和社会发展统计公报。

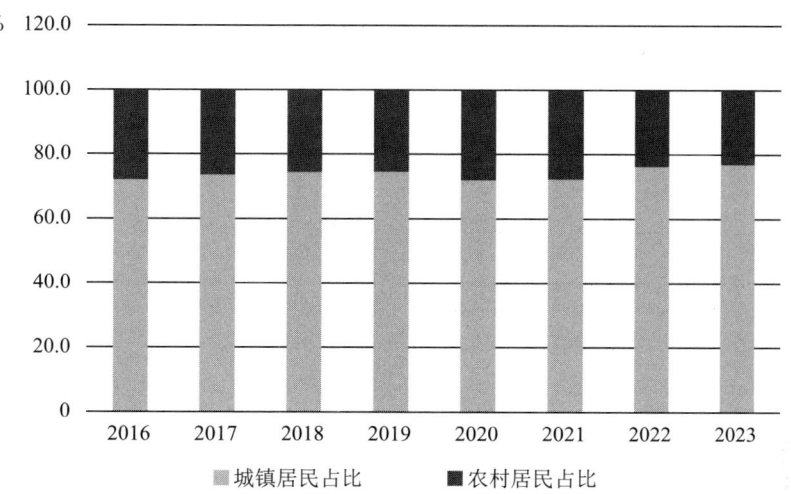

图 3-7　2016—2023 年城乡居民国内旅游人数占比

从出游时间分布上来看，城镇居民的国内旅游表现为集中出游的特征。出游主要受到节假日、寒暑假、带薪年休假等可利用休闲时间分布上的限制，春节黄金周、暑期、国庆黄金周等都是出游较为集中的时段。农村居民的出游活动更为灵活，主要受农闲时间分布的影响，除公共节假日等集中出游时间以外，农村居民是重要的旅游群体，可与城镇居民形成错峰出游的互补格局。"十五五"时期，随着预期收入的增长、恩格尔系数的下降、城镇公共文化和旅游供给的丰富，农村居民旅游消费将进入快速增长期。

**（二）城镇和农村旅游者具有差异化行为特征**

1. 城镇居民国内旅游行为特征

据最新版的《旅游抽样调查资料》显示，2022 年我国城镇居民国内旅游的目的分组中，以探亲访友为主要目的的占 45.0%，其次是出差开会商务占 17.0%，再次是观光游览占 16.1%，休闲度假、文娱体育健身、养生保健疗养以及其他旅游目的的游客比例分别为 15.8%、2.5%、1.0%、2.6%。可以看出，探亲访友是我国城镇居民国内旅游的首要出游目的（图 3-8）。与 2021 年纵向对比，2022 年以出差开会商务、观光游览为主要目的的城镇国内旅游者比重分别上升了 3.0% 和下降了 3.5%。

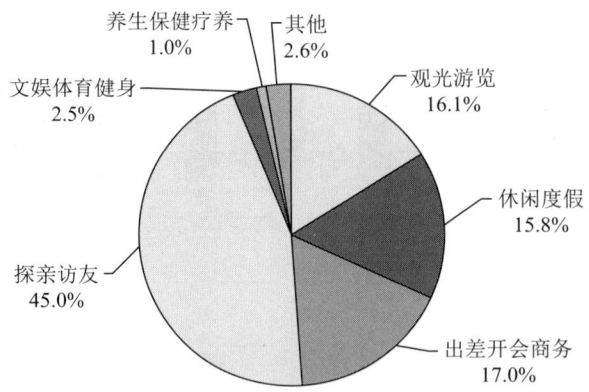

图 3-8 2022 年城镇居民国内旅游者出游目的构成

从旅游消费来看，我国城镇居民 2022 年国内旅游每次出游人均花费约 876.6 元，与 2021 年相比下降 13.2%。按旅游目的进一步细分并排序，出差/开会/商务游客人均花费最高，达 1680.2 元；养生保健疗养游客人均花费 916.9 元，休闲度假游客人均花费 814.7 元，观光游览游客人均花费 769.1 元，探亲访友游客人均花费 695.7 元，文娱体育健身游客人均花费 529.2 元，其他旅游目的人均花费 606.0 元（图 3-9）。以养生保健疗养为目的的城镇居民国内旅游者人均花费较高，显著高于度假休闲和观光游览旅游者，说明我国旅游者在门票、交通、住宿、餐饮等传统旅游要素以外的旅游新产品、新业态领域消费开始增高，国内旅游的产业体系和价值创造能力正在进一步发展升级。

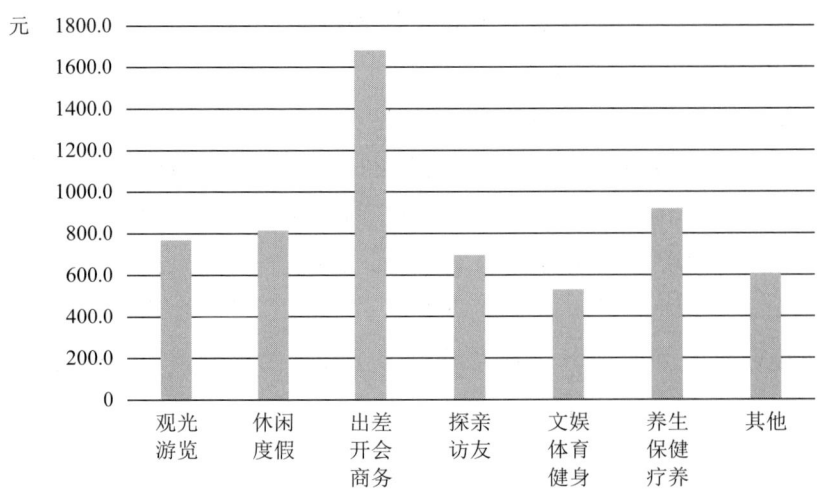

图 3-9 2022 年城镇居民国内旅游者按出游目的人均每次花费

## 2. 农村居民国内旅游行为特征

2022年，农村居民的国内旅游首要出游目的与城镇居民相似，探亲访友所占比例最高，占到44.9%；其次是出差/开会/商务，占到20.1%；最后是观光游览，占到12.2%。其余几个目的的旅游人数所占比重相对较低，其中休闲度假占7.8%，养生保健疗养占2.4%，文娱体育健身占1.2%，其他旅游目的占11.4%（图3-10）。与城镇居民相比，农村居民的出游目的中观光游览、休闲度假所占比重相对较低。

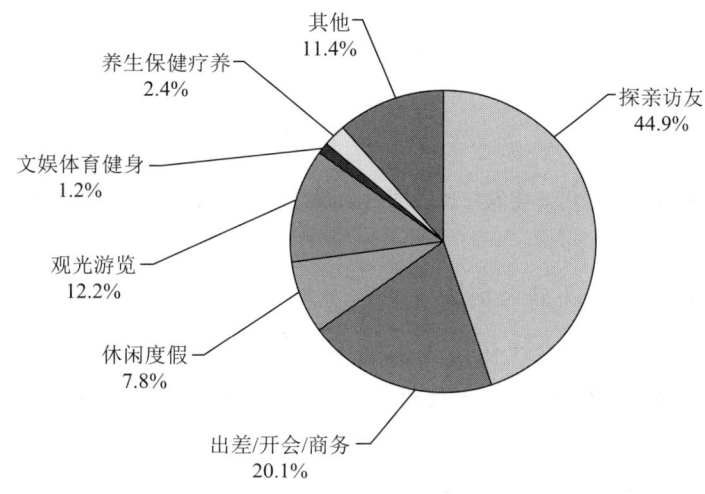

图3-10　2022年农村居民国内旅游者出游目的构成

2022年，农村居民每次出游人均花费约为599.0元，相当于城镇居民的68.3%，比2021年下降2.4%。按旅游目的细分并排序，出差/开会/商务每次出游人均花费最高，达1019.5元；休闲度假每次出游人均花费是726.3元，观光游览每次出游人均花费是667.0元，养生保健疗养每次出游人均花费626.6元，探亲访友每次出游人均花费475.4元，文娱体育健身每次出游人均花费370.2元，其他旅游目的每次出游人均花费514.9元（图3-11）。数据显示，在农村居民国内旅游者中，以出差/开会/商务为目的的国内旅游者虽然仅占总人数的20.1%，但却是每次出游人均花费最高的类别。

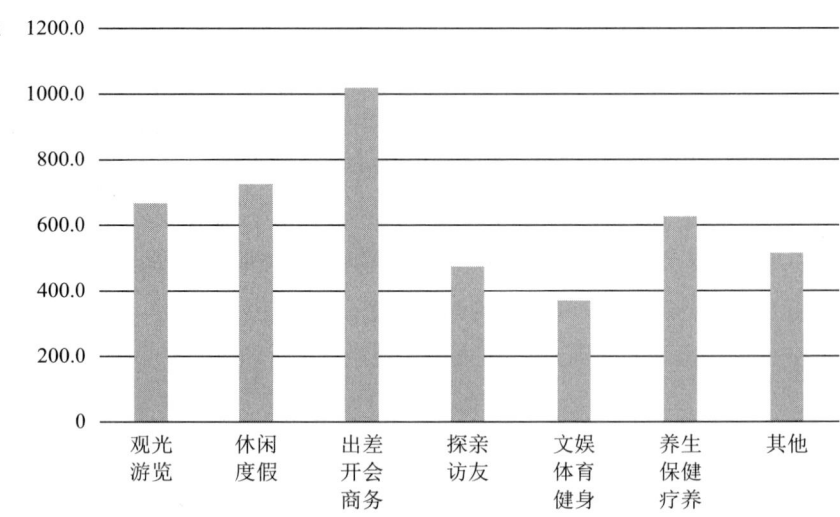

图 3-11　2022 年农村居民国内旅游者按出游目的人均每次花费

3. 城乡居民旅游行为特征对比

对比 2022 年城镇居民和农村居民的国内旅游出游行为特征后可以发现，虽然我国城乡居民的收入差距正在逐渐缩小，但是国内旅游发展的城乡二元结构仍然存在。

从出游目的构成来看，城镇居民和农村居民均倾向于探亲访友、出差/开会/商务、观光游览和休闲度假，且两者在商务出差方面的花费都是最高的。但是，城镇居民在养生保健疗养方面的每次出游人均花费明显高于观光游览和休闲度假，而农村居民则依旧是休闲度假的每次人均出游花费最高的。

## 三、国内旅游客源市场分省份特征

### （一）东部区域占全国一半旅游客源市场

按照国家战略和区域政策特征，可以将我国 31 个省、直辖市和自治区划分为东部地区、中部地区、西部地区和东北地区等四大区域。其中东部地区包括北京、天津、河北、上海、江苏、浙江、福建、山东、广东、海南。

2023 年，我国的国内旅游客源市场从空间分布来看呈现出显著的区域差异特征。综合考虑国内旅游者的出游次数和停留时间等因素，2023 年东部地区占

49.6%的国内旅游客源市场，其次是西部地区占25.6%，中部地区占22.1%，而东北地区仅占2.7%（图3-12）。东部地区10个省市占据了全国一半以上的国内旅游客源市场，是国内旅游的主要客源地和市场营销的重点目标区。

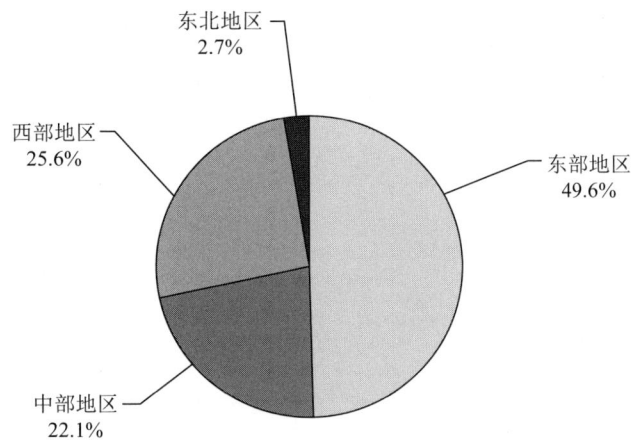

图3-12　2023年各区域国内旅游客源市场规模①

### （二）各省份客源市场规模及出游率呈显著差异

通过计算2023年31个省（区、市）的客源市场规模特征可得图3-13。其中，客源市场规模指数反映了该省份的国内旅游客源市场规模的大小，国内出游率指数则反映了该省份居民每年国内旅游出游次数的多少。两个指数都进行了标准化处理，1代表31个省（区、市）中的最大值，0则代表最小值。

通过观察图3-13可以发现，浙江、广东、重庆、江苏、湖北等省份具有最大的国内旅游客源市场规模，上海、浙江、重庆、北京、湖北等省份的居民具有最高的国内旅游出游率。综合考虑上述两个指标，从规模和频率两个指标来看，浙江、广东、重庆、江苏、湖北、上海、北京等省份都是全国最重要的国内旅游客源市场。

同时可以发现，西藏、青海、海南、宁夏、新疆等省（区、市）的国内旅游客源市场规模最小，黑龙江、新疆、河北、河南、内蒙古等省（区、市）居民的国内旅游出游率则较低。综合考虑两大指标，黑龙江、河北、河南、内蒙古等省（区、市）的国内旅游市场潜力还有待进一步开发。

---

① 基于2023年度各地旅行社组织国内旅游人数计算得出。

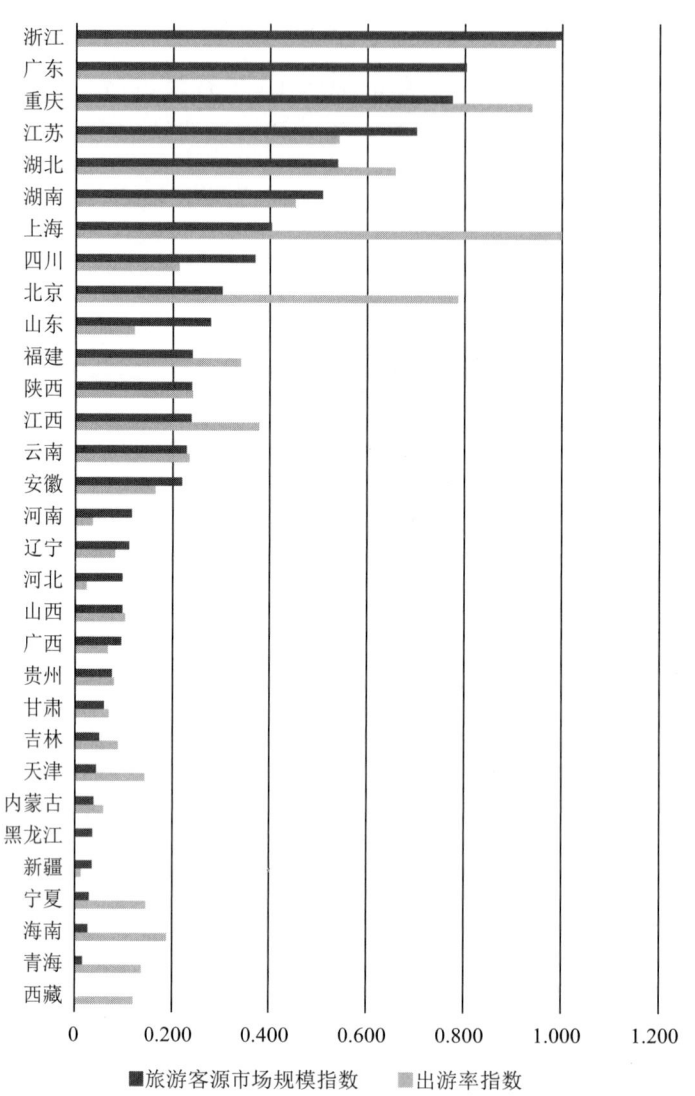

图 3-13　2023 年各省（区、市）国内旅游客源市场规模和出游率指数①

## 四、国内旅游客源市场促进政策和典型案例

### （一）旅游奖励政策

许多地方政府为鼓励旅行社积极招徕游客，会制定相关的奖励政策。比如

---
① 基于 2023 年度各地旅行社组织国内旅游人数计算得出。

对组织一定数量游客到当地旅游、住宿，并游览收费景区的旅行社给予资金奖励；对于组织大型会议团队、研学旅行团到当地开展活动并过夜的承办单位或教育机构等也给予相应奖励。

如十堰市设立飞机入堰旅游奖。旅行社包机单架航班接待 100 人以上游客团队入堰旅游，在堰住宿 2 晚、游览 3 个以上收费 A 级景区，奖励 6 万元。设立航班切位入堰奖。旅行社航班切位接待 15 人以上游客团队入堰旅游，在堰住宿 2 晚、游览 3 个以上 A 级景区，按人头奖励 40 元。设立火车入堰旅游奖。旅行社每趟专列接待 300 人以上游客团队入堰旅游，在堰住宿 1 晚、游览 2 个以上收费 A 级景区，奖励 1.5 万元，每增加 1 晚住宿且增加游览 1 个 A 级景区，追加奖励 5000 元。以高铁、动车团队方式接待 150 人以上，在堰住宿 1 晚、游览 2 个以上收费 A 级景区，每团奖励 8000 元，每增加 1 晚住宿且增加游览 1 个 A 级景区，追加奖励 2000 元。

又如武汉市设立包机入鄂旅游奖，旨在鼓励旅行社积极开拓省外客源市场，推动湖北旅游业发展。旅行社以包机方式接待省外团队游客入鄂旅游，每班奖励 2 万元；游客均在湖北住宿 2 晚基础上，每增加住宿 1 晚，额外奖励 0.5 万元。

**（二）旅游营销推广政策**

政府主导或支持相关机构、企业开展旅游宣传推广活动，提升当地旅游的知名度和影响力，吸引更多游客。包括参加旅游展会、举办旅游推介会、在媒体上进行广告宣传等，部分地区还会与线上旅游平台合作进行推广。

重庆文旅市场鼓励旅行社组客前往渝东北、渝东南地区，特别是国家乡村振兴重点帮扶县旅游，推进全域旅游，促进文旅消费，推动重庆文化和旅游高质量发展。为此特设立渝东北区域旅游协作奖、渝东南文旅融合示范区专项奖、武陵山文旅发展联盟专项奖、对口支援昌都引客入昌奖、鲁渝协作专项奖。

广元市颁发了《广元市旅游营销奖励政策实施办法（2024 年修订版）》，推动了广元市当地旅游业发展。

2024 年，贵州文旅推出"四免一多一减"优惠活动。景区免票优惠：全国大、中、小学生（含港澳台），6 岁以下儿童、60 岁以上老年人、部分行业人群（如人民警察、教师、医护工作者等）以及广东省和港澳台地区居民可享受贵州全省国有 A 级景区门票免费。"一票多日使用制"优惠是指游客在参与活动的景区内自购票之日起，5 日内可无限制次数进入景区。高速公路通行费五折优惠：外省籍一型客车（私家车）使用 ETC 电子支付方式在贵州境内高速公路每周周五、周六、周日享受通行费减半优惠。

**（三）旅游交通优惠政策**

通过提供交通补贴、减免高速公路通行费、开通旅游专线等方式，降低游客的交通成本，吸引更多游客前来旅游。部分城市在旅游旺季会开通前往热门景区的旅游专线公交车或班车，方便游客出行；一些地区对乘坐特定交通工具（如高铁、飞机等）到达的游客给予一定的交通补贴或景区门票优惠。例如，广西部分地区曾对乘坐高铁前往的游客提供景区门票折扣等优惠活动。2024年潍坊市文旅局发布了"乘潍烟高铁 游更好潍坊"专项景区优惠政策，为持高铁（火车）票抵达潍坊站、潍坊北站、昌邑站的旅客准备了丰厚的旅游礼遇。

**（四）旅游消费券发放政策**

政府或相关部门向游客发放旅游消费券，游客可以在指定的旅游景区、酒店、餐饮等场所使用，抵扣一定的消费金额，刺激游客的消费欲望。在疫情过后的旅游复苏阶段，许多城市都发放了旅游消费券。

2024年，"机票即门票"海南旅游消费券发放千万元旅游消费补贴。广东、成都通过线上平台发放旅游消费券，涵盖景区、旅游线路、酒店、国内外机票等，游客可以在预订酒店、购买景区门票、餐饮消费等方面使用，有效拉动了当地的旅游消费。无论是以KTV、剧本杀、沉浸式体验场景、数字文旅为代表的文旅消费场景，还是以音乐节、演唱会、剧场演出为代表的演艺消费场景都有涵盖。

# 第四章
## 国内旅游目的地市场特征

# 一、国内旅游目的地市场总体特征

根据国家战略和区域政策特征，可以将我国 31 个省、直辖市和自治区划分为四大区域，分别是东部地区、中部地区、西部地区和东北地区。其中东部地区有 10 个省份，分别是北京、天津、河北、上海、江苏、浙江、福建、山东、广东、海南；中部地区有 6 个省份，分别是山西、安徽、江西、河南、湖北、湖南；西部地区有 12 个省份，分别是内蒙古、广西、重庆、四川、贵州、云南、西藏、陕西、甘肃、青海、宁夏、新疆；东北地区则有 3 个省份，分别是辽宁、吉林、黑龙江。

在此区域分析框架下，全国的国内旅游目的地市场也可以分为四大区域，分别是东部地区、中部地区、西部地区和东北地区。2019 年以来国内旅游目的地市场的发展历程可以大致划分为三大阶段，本节将从区域视角重点分析最近 5 年来国内旅游目的地市场发展的主要特征。

**（一）受新冠疫情影响，2020 年国内旅游目的地市场急剧下跌**

图 4-1 描述了国内旅游目的地市场在 2019—2023 年的 5 年时间内，四大区域的国内旅游接待人数的发展变化情况。

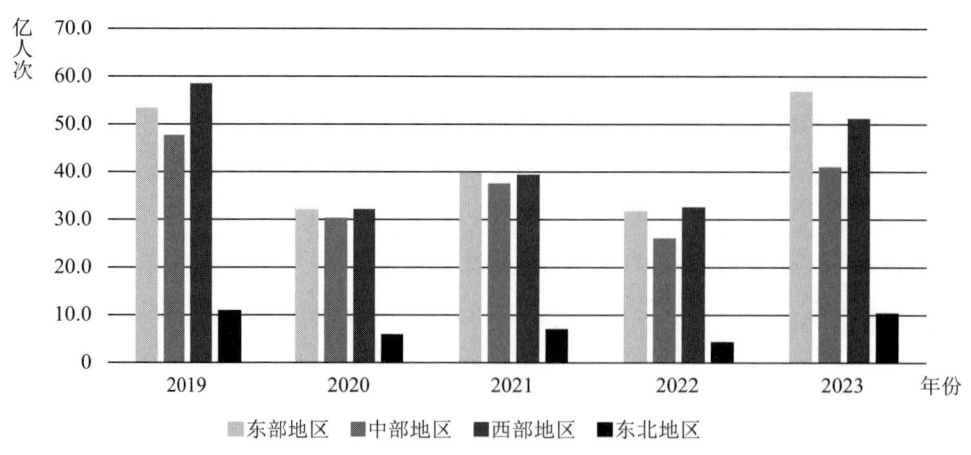

图 4-1　2019—2023 年分区域国内旅游接待人数

受新冠疫情影响，2020年国内旅游目的地的接待人数出现断崖式下跌。其中东部地区从2019年的53.5亿人次下降到2020年的32.2亿人次，降幅为39.8%；中部地区从2019年的47.7亿人次下降到2020年的30.4亿人次，降幅为36.4%；西部地区从2019年的58.5亿人次下降到2020年的32.1亿人次，降幅为45.1%；东北地区从2019年的11.0亿人次下降到2020年的6.0亿人次，降幅为45.7%（见图4-1）。在新冠疫情背景下，国内旅游目的地受到了极大的影响，而受影响程度又以本地客源市场较小、更为依靠远程客源市场的西部地区和东北地区最为严重。

**（二）常态化疫情防控下，国内旅游业进入低谷期**

2020"新冠元年"，国内旅游总人次呈断崖式下滑，同比下降52.1%。

2021年随着疫情防控的有效措施和政策的适时调整，国内旅游市场开始逐步恢复。其中，东部地区的国内旅游接待人数从2020年的32.2亿人次增长到2021年的39.9亿人次，涨幅为23.9%；中部地区的国内旅游接待人数从2020年的30.4亿人次增长到2021年的37.6亿人次，涨幅为23.9%；西部地区的国内旅游接待人数从2020年的32.1亿人次增长到2021年的39.4亿人次，涨幅为22.7%；东北地区的国内旅游接待人数从2020年的6.0亿人次增长到2021年的7.1亿人次，涨幅为19.1%。

2022年，国内旅游业持续受到疫情的全面重创，疫情多点散发、持续不断，人们旅游出行受限、跨省游"熔断"，经历了自2020年以来最艰难的一年，全行业经历了发展的低谷与"至暗时刻"。其中，东部地区的国内旅游接待人数从2021年的39.9亿人次下降到2022年的31.8亿人次，降幅为20.3%；中部地区的国内旅游接待人数从2021年的37.6亿人次下降到2022年的26.1亿人次，降幅为30.5%；西部地区的国内旅游接待人数从2021年的39.4亿人次下降到2022年的32.6亿人次，降幅为17.2%；东北地区的国内旅游接待人数从2021年的7.1亿人次下降到2022年的4.4亿人次，降幅为37.8%。由此可见，2022年国内旅游总人次为疫情三年来最低（见图4-1）。

**（三）2023年国内旅游目的地接待人数稳步恢复发展**

2023年，随着疫情防控进入新阶段以及"乙类乙管"常态化防控措施的推进，各地疫情防控形势总体向好，居民出行顾虑逐步减少，旅游行业开始步入全面复苏阶段。其中东部地区的国内旅游接待人数从2022年的31.8亿人次增长到2023年的56.9亿人次，涨幅为79.0%；中部地区的国内旅游接待人数从

2022年的26.1亿人次增长到2023年的41.0亿人次，涨幅为57.0%；西部地区的国内旅游接待人数从2022年的32.6亿人次增长到2023年的51.3亿人次，涨幅为57.1%；东北地区的国内旅游接待人数从2022年的4.4亿人次增长到10.4亿人次，涨幅为135.7%（见图4-1）。

2023年，各地区国内旅游收入如图4-2所示，东部地区以71 364.4亿元的国内旅游收入稳居四大区域首席；西部地区凭借优越的地理环境、丰富的文化资源吸引着众多旅游者前往游览，国内旅游收入为56 525.4亿元；中部地区旅游收入为44 414.4亿元，位居第三；东北地区旅游收入为12 515.3亿元，在当地各级政府扶持、各项优惠政策支持、多维市场驱动和多元冰雪旅游产品涌现等多重因素的叠加下，冰雪旅游成为热门，东北地区旅游收入较去年成倍数增长（见图4-2）。

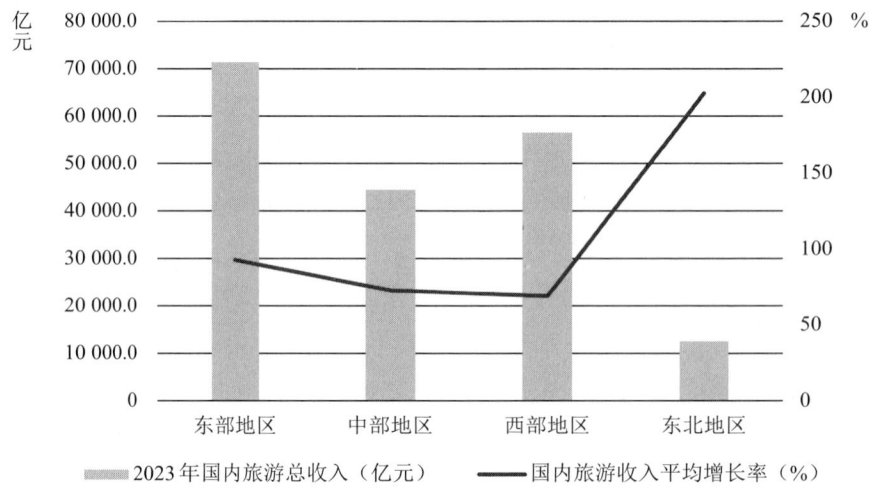

图4-2　2023年四大区域国内旅游总收入和增长率

从发展速度来看，2023年国内旅游目的地市场较2022年呈现出全面复苏的趋势。在四大区域中，东北地区发展速度恢复得最快，东部地区和中部地区恢复发展的速度紧随其后，西部地区的复苏速度最慢。

从现状规模来看，2023年东部地区的整体国内旅游接待人数和国内旅游收入要高于中西部地区。目前东部地区的经济发达，人口密集，居民收入水平较高，旅游需求旺盛，国内旅游目的地市场规模排首位。随着交通条件的改善、旅游宣传的加强，西部地区的国内旅游目的地市场规模紧随其后排第二。中部地区人口众多，随着经济的发展，居民旅游消费意愿和能力不断提高，国内旅游目的地市场规模位居第三。东北地区旅游市场具有明显的季节性，冬季和夏季是旅游旺季。近年来，随着冰雪旅游的知名度不断提高，冬季旅游市场规模增长迅速，东北地区国内旅游目的地市场规模位居第四。

## 二、国内旅游目的地市场分区域特征

### （一）国内旅游总收入

图4-3反映了2023年我国四大区域国内旅游总收入的占比情况。2023年，各区域的国内旅游总收入存在明显差异，其中，东部地区国内旅游总收入为71 364.4亿元，占全国旅游总收入的38.6%，较2022年有所增加。中部地区和西部地区旅游总收入分别为44 414.4亿元和56 525.4亿元，占全国旅游总收入的24.0%和30.6%。旅游总收入最少的区域为东北地区，为12 515.3亿元，仅占全国旅游总收入的6.8%。

从国内旅游收入的增长率来看，2023年国内旅游收入增长率最高的是东北地区为202.5%；其次是东部地区增长率为92.8%；中部地区，旅游收入增长率为72.8%；西部地区国内旅游收入增长率为68.9%。

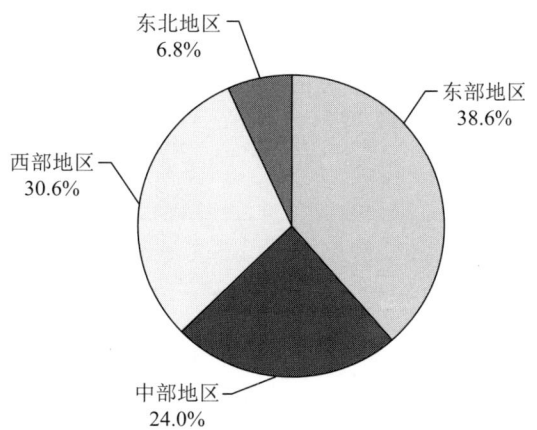

图4-3　2023年分区域国内旅游总收入占比

由上述数据可以看出，全国各地旅游经济都处于复苏阶段，四大国内旅游目的地区域较2022年均有所增长。其中，2023年东部地区国内旅游收入的规模稳居全国榜首，丰富多样的旅游资源、完善的旅游基础设施以及发达的交通网络都是其发展的优势所在。随着西部地区的机场、铁路、公路等交通基础设施建设不断推进，一些重点旅游景区的配套设施不断完善，西部地区也成为仅次于东部地区的重要旅游目的地，国内旅游收入的规模位居全国第二位。相比较而言，东北地区的国内旅游发展较为依赖季节性旅游，部分偏远地区的旅游基础设施还需要进一步改善，因此东北地区的国内旅游收入规模排在全国末位。但冬季的冰雪旅游产业较为发达，目前已形成了较为完整的产业链。因此，2023年东北地区国内旅游增长率位居全国首位。

**（二）国内旅游接待人数**

由图4-4可以看出2023年我国四大区域旅游目的地的国内旅游接待人数情况。其中东部地区和西部地区的国内旅游接待人数差距不显著，分别位居全国第一和第二位，为56.9亿人次和51.3亿人次。中部地区的国内旅游接待人数为41.0亿人次。东北地区的国内旅游接待人数最少，为10.4亿人次。

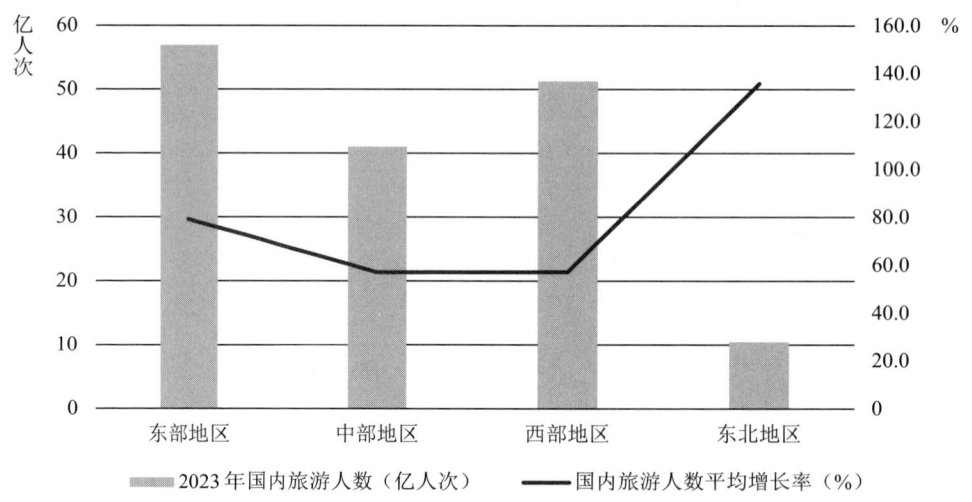

图4-4　2023年分区域国内旅游接待人数和增长率

从四大区域旅游目的地的国内旅游接待人数占比来看，东部地区人数占比最多，达35.7%，排在首位；西部地区紧随其后，占比为32.1%；中部地区为25.7%；东北地区占比最小，为6.5%（见图4-5）。

第四章　国内旅游目的地市场特征
Chapter 4　Characteristics of Domestic Tourism Destination Markets

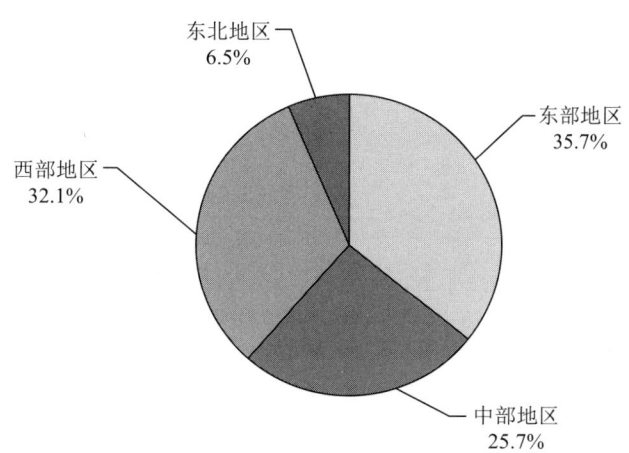

图 4-5　2023 年分区域国内旅游接待规模占比

从上述旅游接待人数的数据可以看出我国东部地区、西部地区交通基础设施较为完善，拥有密集的公路、铁路、航空网络，以及便捷的城市交通系统。这使得人们出行更加方便快捷，能够更容易地到达各个旅游目的地，从旅游人数来看已经成为我国最重要的区域旅游目的地。中部地区与东部、西部地区的差距不断缩小，拥有丰富的自然景观和人文景观，而且处于交通枢纽位置，发展旅游业的综合优势得天独厚，在我国国内旅游市场占据越来越重要的地位。东北地区旅游基础设施还需要进一步改善，与其他三大区域旅游目的地的差距有进一步拉大的风险。

**（三）国内旅游人均消费**

2023 年四大区域的国内旅游人均消费在全国各地区仍存在较大差异。其中，东部地区的国内旅游人均消费最高，达到 1254.4 元。其次是东北和西部地区，国内旅游人均消费分别为 1198.8 元和 1102.3 元，而国内旅游人均消费最少的是中部地区，为 1082.2 元（图 4-6）。纵向对比，四大区域国内旅游人均消费水平较 2022 年相比均有所增加。

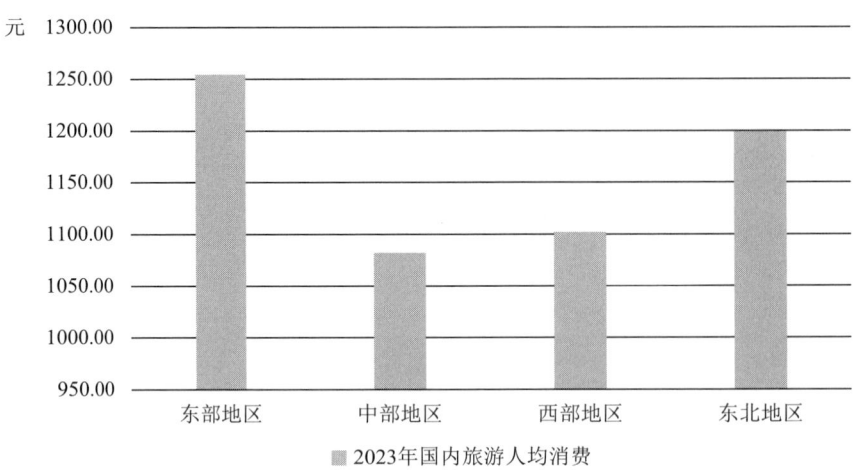

图 4-6　2023 年分区域国内旅游人均消费

观察上述数据可以发现，各地旅游客源市场和旅游目的地发展水平不同，因此旅游消费能力也有较大差异。东部地区由于经济发达、居民收入水平较高，同时旅游产业体系发达、交通便捷、旅游基础设施配套完善，从而使其国内旅游人均消费水平最高。东北地区以冰雪旅游、避暑旅游、文化旅游等为主，冬季的冰雪旅游和夏季的避暑旅游是东北地区的特色。近年来，随着冰雪旅游的知名度不断提高，旅游消费能力也随之提升。西部地区地域辽阔，拥有独特的自然景观以及丰富的民族文化资源，具备发展特色旅游的优势条件。

近几年来，国家实施西部大开发战略等一系列政策，持续加大对西部地区基础设施建设、生态环境保护、旅游产业发展等方面的支持力度，为旅游市场的发展创造了良好条件，提升了西部地区的旅游吸引力和可进入性，使得大量旅游者不断涌入西部地区，旅游人均消费水平不断提升。而中部地区由于本地旅游客源市场相对较小，旅游基础设施还在不断完善，旅游产业体系也在进一步提升，旅游产业的价值创造能力较弱，因此国内旅游人均消费最低。不过中部地区与西部地区旅游人均消费差距不大，随着住宿、餐饮等设施的不断提升，居民旅游消费意愿和能力也会不断提高。

## 三、国内旅游目的地市场各省（区、市）特征

2023 年，云南省、江苏省、河北省分列国内旅游收入前三位，云南省、河

南省、江苏省分列接待旅游人次前三位，内蒙古自治区、甘肃省、河南省国内旅游收入增幅最大，海南省、北京市、吉林省国内旅游人均消费最高。

**（一）各省（区、市）国内旅游收入差距较大，旅游业价值创造能力差异明显**

国内旅游收入由国内旅游接待人数和国内旅游人均消费确定，是确定国内旅游目的地发展质量的重要指标，反映了各地区国内旅游业的创造价值能力。

从图4-7可以看出，2023年各省份国内旅游收入存在较大差距，云南省以14000亿元排名第一。江苏省、河北省、浙江省、山东省等紧随其后。山西省、青海省、西藏自治区、宁夏回族自治区、重庆市的国内旅游收入则处于全国相对靠后的位置，其中山西省、重庆市的旅游收入为全年全省份重点监测景区的数据。

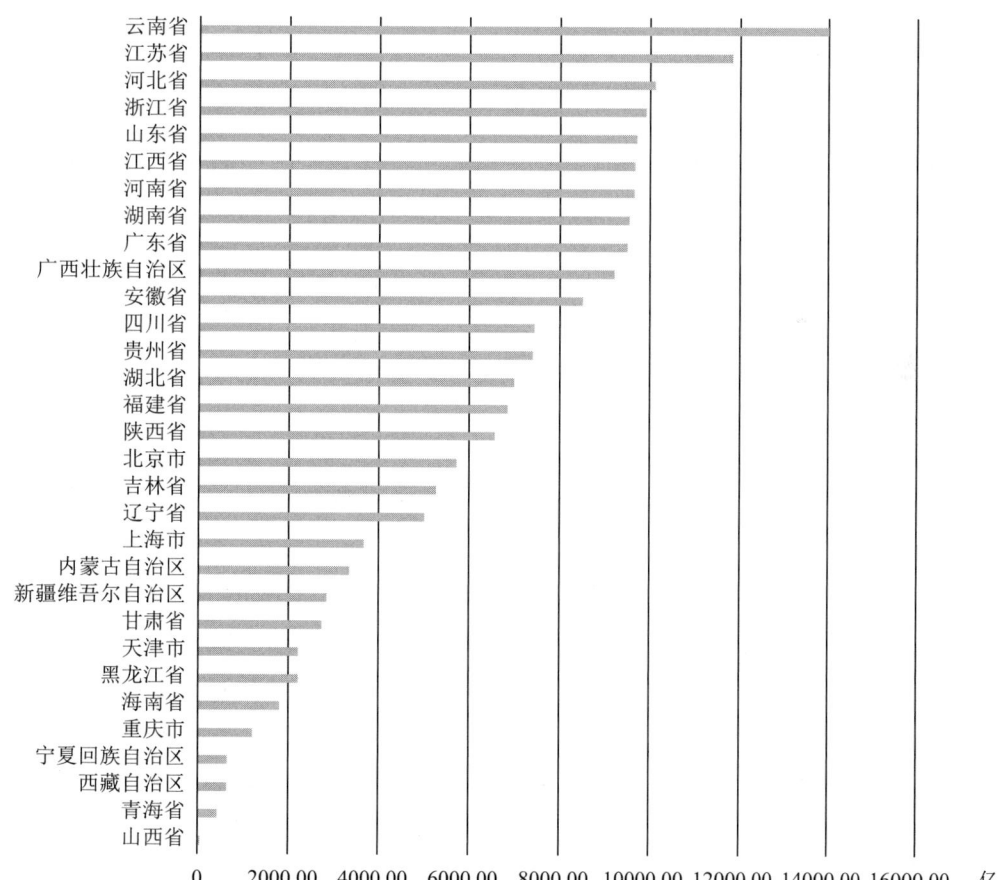

图4-7　2023年各省（区、市）国内旅游收入①

---

①　由于各省份数据公布情况不同，山西省、重庆市的旅游收入为全年全省重点监测景区数据，云南省、贵州省、江西省、黑龙江省、海南省的数据是旅游总收入。

从纵向对比来看，2023年各省份之间的国内旅游收入增长速度不均衡。国内旅游收入增长率最低的是重庆市，年增长率为13.5%；其次是湖北省，年增长率为24.3%。内蒙古自治区2023年国内旅游收入增长率最高，为318.3%。甘肃省、河南省、吉林省紧随其后，分别是312.9%、305.3%、242%（见图4-8）。总体来看，2023年较2022年相比，多数省份2023年旅游人次、旅游收入均实现同比正增长，各省旅游市场强劲复苏。

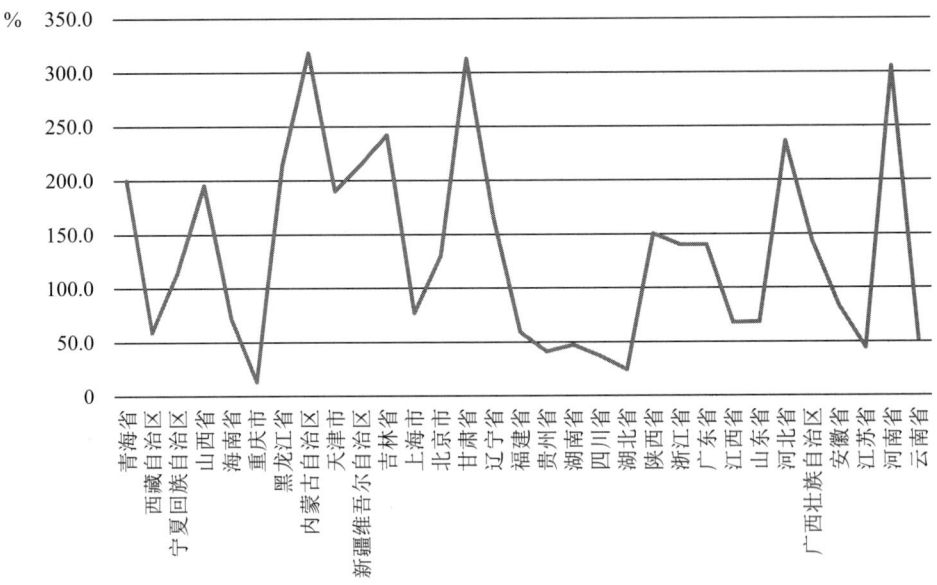

图 4-8　2023年各省份国内旅游收入增长率[①]

**（二）各省（区、市）国内旅游接待人数差距显著，呈现南多北少格局**

从图4-9可以看出，2023年我国各省份的国内旅游接待人数差距较大，其中云南省以10.4亿人次成为全国榜首，河南省国内旅游接待人数为10.0亿人次，位居第二位，排名第三位的是江苏省，国内旅游接待人数为9.4亿人次，安徽省则位居第4位，国内旅游接待人数为8.5亿人次。2023年青海省、西藏自治区、宁夏回族自治区、山西省、海南省等五个省、自治区的国内旅游接待人数相对较少，均不足1亿人次，其中山西省、重庆市的国内旅游接待人数为全年全省份重点监测景区数据。

---

① 由于各省份数据公布情况不同，山西省、重庆市为全年全省重点监测景区数据，云南省、贵州省、江西省、黑龙江省、海南省是旅游总收入。

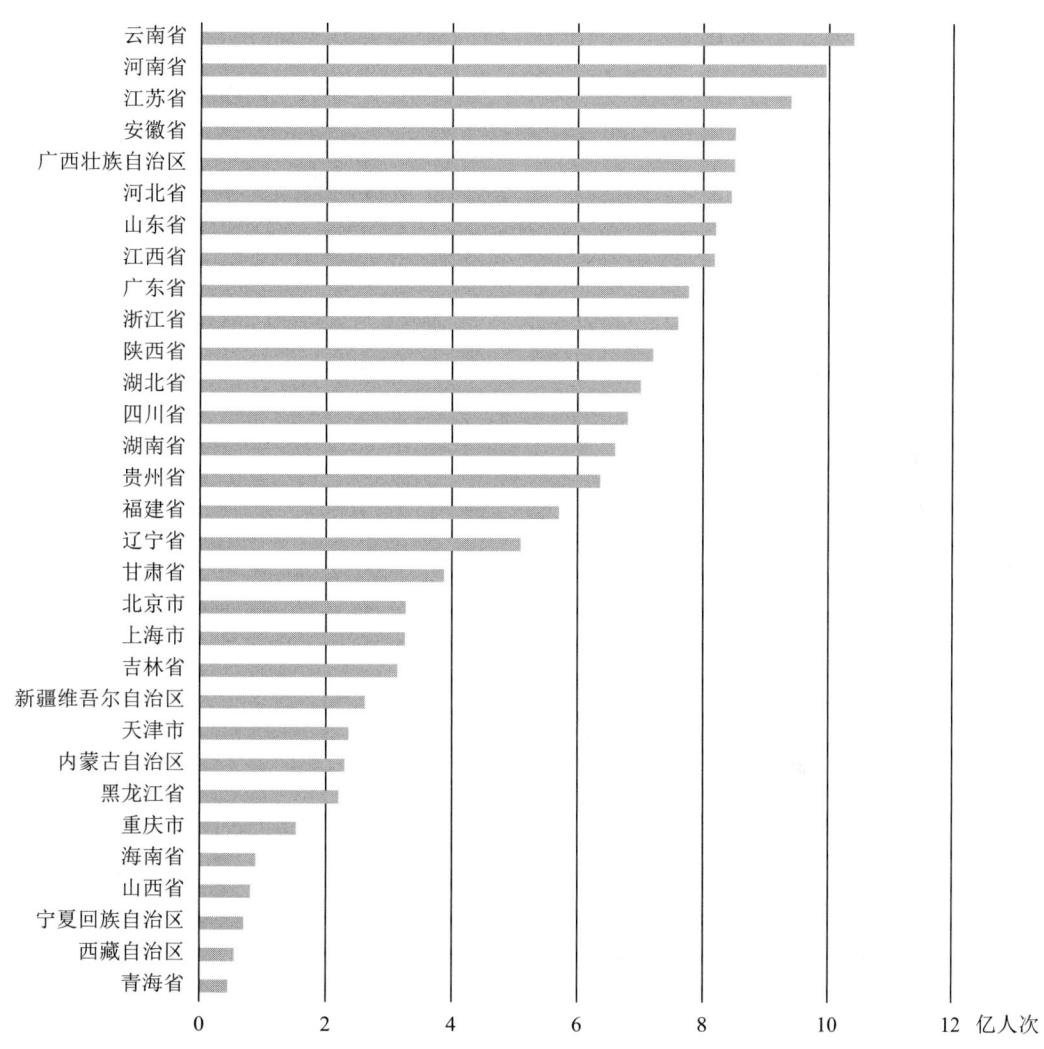

图 4-9　2023 年各省（区、市）国内旅游接待人数[①]

2023年内蒙古自治区、河南省、甘肃省的国内旅游接待人数增长率最高，分别为248.7%、228.2%和187.8%，国内旅游发展势头强劲。

（三）旅游人均消费与旅游产业发展水平呈现正相关关系

国内旅游人均消费指标是由国内旅游收入除以国内旅游人次之后得出，反映了国内旅游人均消费额，是展现各地区旅游业创造价值能力的重要指标。

---

[①] 由于各省份数据公布情况不同，山西省、重庆市的旅游接待人数为全年全省重点监测景区数据，云南省、贵州省、江西省、黑龙江省的数据是旅游总人数。

图 4-10 反映了我国各省（区、市）国内旅游人均消费水平的差距。2023 年海南省的国内旅游人均消费位居全国第一，其国内旅游人均消费达到 2037.2 元。除此之外，北京市、吉林省的国内旅游人均消费较多，均超过了 1500 元。

2023 年国内旅游人均消费低于 1000 元的省份数量为 9 个，分别是山西省、甘肃省、重庆市、陕西省、宁夏回族自治区、天津市、青海省、河南省、辽宁省。

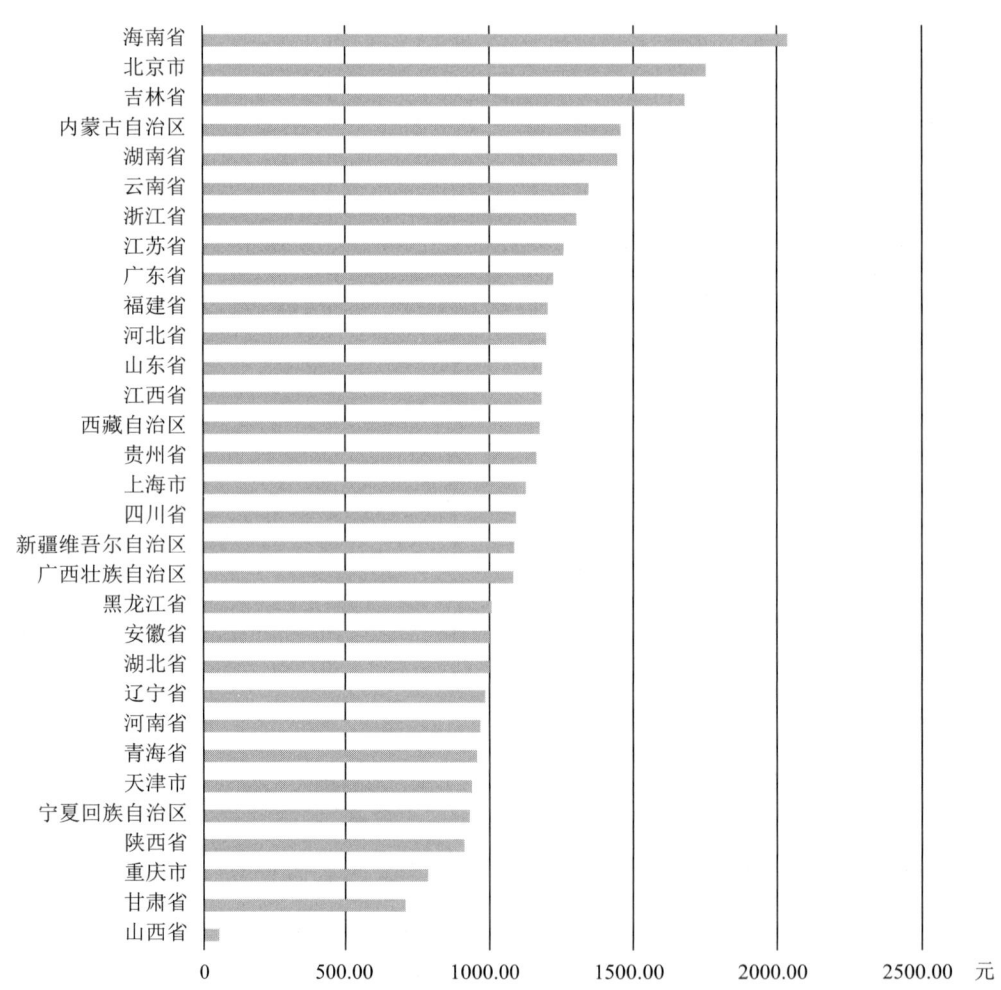

图 4-10　2023 年各省（区、市）国内旅游人均消费水平[①]

---

① 依据图 4-7 和图 4-9 数据计算得出。

# 第四章 国内旅游目的地市场特征
Chapter 4 Characteristics of Domestic Tourism Destination Markets

从 2023 年各省（区、市）的国内旅游人均消费空间分布来看，并不像国内旅游接待人数或国内旅游收入一样表现出明显的中、东、西、东北分布的特征，而是与旅游目的地的经济发展水平密切相关。其中，我国经济发达的京津冀地区和长江三角地区旅游人均消费较高，而山西省、重庆市和甘肃省等中西部省份的旅游人均消费水平则相对较低。

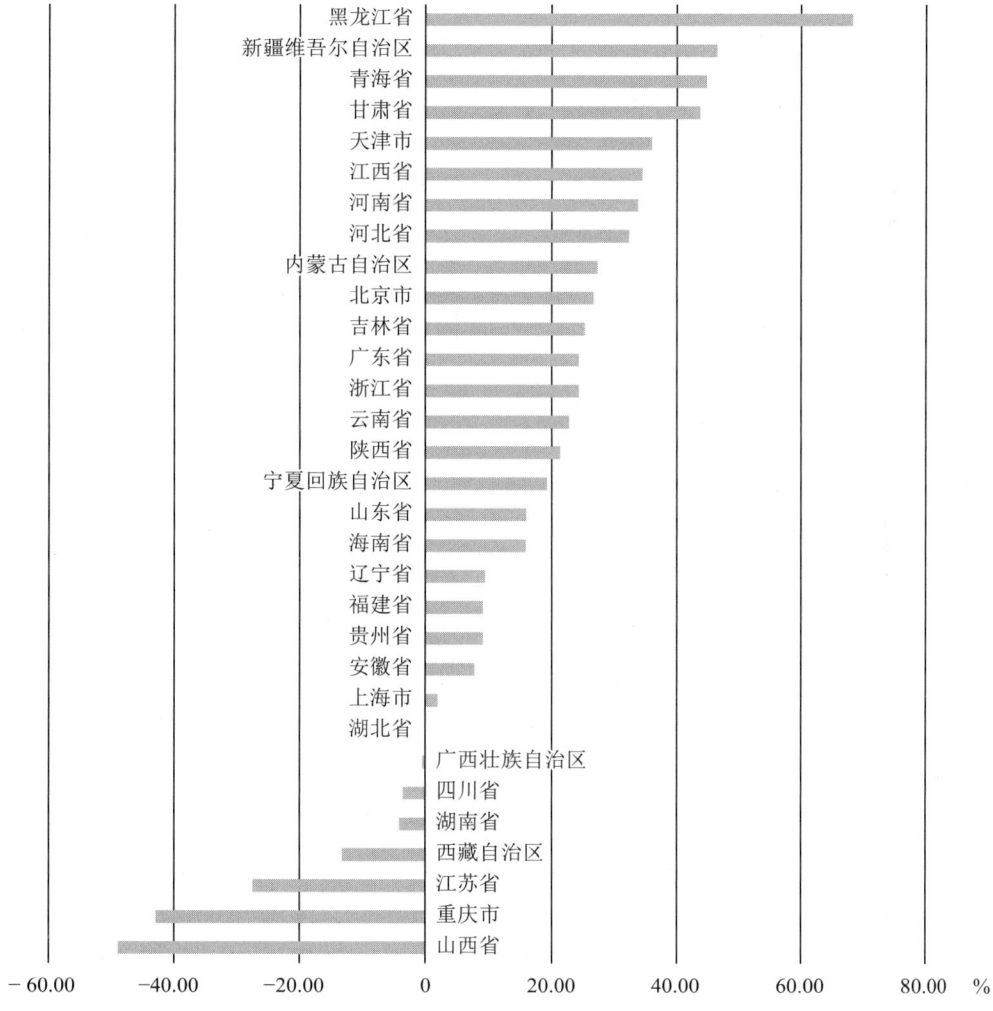

图 4-11 2023 年各省（区、市）国内旅游人均消费水平增长率

## 四、国内旅游目的地市场政策研究和典型案例

### （一）蜀南竹海生态旅游目的地

四川省宜宾市蜀南竹海旅游度假区，坐落于四川省宜宾市长宁县，地处成渝经济区和川南经济区核心区，是长江经济带与丝绸之路经济带的交叉点。度假区自然资源与生态环境优越，气候宜人，负离子浓度高，生物种类丰富，竹类生态系统保存完整，是世界上面积最大、竹类品种最多的天然竹林景区，与中国最美丘陵景观、全国罕见的天然氡温泉、秀丽的湖泊飞瀑以及变幻莫测的天象景观，共同构成了度假区丰富多彩的自然景观体系。度假区竹文化延续千年，已形成集竹居、竹食、艺术工艺、诗词文化、演艺节庆于一体，具有浓郁地方特色的竹文化体系，是中国竹文化的缩影。度假区民俗文化精彩纷呈，拥有国内罕见的佛道儒共融丹霞绝壁文化长廊、儒释道共融的丹霞绝壁寺庙群，形成了集表演、节庆、演艺、礼仪于一体的多样民俗风情。度假区秉持"科学规划、统一管理、严格保护、永续利用"的可持续发展理念，在保护生态环境的前提下，开发了生态观光、运动健身、休闲娱乐、康体疗养、夜间休闲、科普研学等多元化的旅游产品。这些产品不仅满足了游客的多样化需求，也带动了当地社会经济的发展，为我国森林生态保护和经济发展树立了典范，被评为"国家级旅游度假区""国家级风景名胜区""国家级自然保护区""国家AAAA级旅游景区"，并荣获了"绿色环球21""中国生物圈保护区""中国旅游胜地四十佳""最具特色的中国十大风景名胜区""中国最美的十大森林""中国十大标志性风景区"等多项荣誉称号。

度假区依托绮丽壮观的天然竹海气候资源、康养修身养性的氡温泉资源、历史悠久的竹文化资源和灵动多姿的水体养生资源，构建了一个以竹文化为特色、以"竹"生活为理念，集参观游览、运动健身、休闲娱乐、康体疗养、夜间休闲、科普研学等功能于一体的度假产品体系。度假区拥有翠色竹海、奇丽碧水、丹崖古穴、茂林幽谷等4类19个典型参观游览点，引入有针对性的康体疗养、运动健身等度假产品50余个，建成并投入运营永江村稻田餐厅、花溪十三桥熊猫餐厅等20余个体验项目，培育了龙灯节、竹文化节、春笋节等37个民间习俗和现代节庆活动。截至2024年，蜀南竹海共有度假住宿设施234家，客房总数5037间，床位个数8025个。其中，高质量度假酒店6家，特色度假

酒店76家，环保低碳型酒店70家，培育了竹海世外桃源、君悦山庄、山里·罗罗等高端住宿设施，配备帐篷营地、汽车营地，满足不同游客的住宿需求。度假区餐饮美食体系完善，川菜、湘菜、徽菜、淮扬菜、沪菜、鲁菜、韩国料理、日本料理等中西餐饮皆备，更有以竹笋、竹荪蛋、竹菌、竹筒豆花等"竹"菜汇成的"全竹宴"，极大地丰富了游客度假产品需求。

2023年蜀南竹海旅游度假区游客接待量110.5万人次，过夜游客54.1万人次，占游客总人数的49.0%，入境游客人数10.2万人次，旅游收入达到11.3亿元，在疫情之后市场效益逐渐恢复。蜀南竹海在项目投资方面累计金额达到101.4亿元。近年来，蜀南竹海旅游度假区围绕基础服务功能品质和产品开发，推动道路交通、景观景点、环境风貌、旅游配套等提档升级，完成重点项目86个，总投资41.8亿元。度假区深挖"竹、石"文化资源，具有针对性地引入运动健身、康体疗养等度假产品50余个，建成永江村稻田餐厅、花溪十三桥熊猫餐厅、花溪乐园、竹尖漫步、萌宠乐园等体验项目20余个，改造投运精品民宿100家，度假产品的丰富度大幅度提升，同时带动了周边村民的增收。蜀南竹海坚持景镇、景村、景民一体发展格局，引导群众改革产权、盘活资产，通过土地入股、村集体公司代管经营等方式，实现主客共享，促进乡村与景区融合协调发展，推动构建景民命运共同体。2022年，带动景区群众就业创业3000人，人均年增收3600元，真正让村民既守住绿水青山，又端上"旅游金饭碗"，吃上"致富饭"。

**（二）峨眉山－乐山大佛文化旅游目的地**

四川省乐山市峨眉山－乐山大佛景区位于四川省乐山市，占地面积182.84平方千米，坐拥中国四大佛教名山之一的峨眉山和世界最高弥勒石刻大佛。1996年12月，被联合国教科文组织作为世界文化与自然遗产列入《世界遗产名录》。峨眉山－乐山大佛景区分别于2007年和2011年被评定为国家5A级旅游景区。

峨眉山－乐山大佛景区地处世界生物区系的结合和过渡地带，拥有雄秀神奇的自然景观、典型的地质地貌、保护完好的生态环境、丰富的动植物资源。景区内现有全国重点文物保护单位5处、四川省重点文物保护单位7处、乐山市重点文物保护单位14处，有可移动文物4700件。峨眉山的佛教文物、寺庙建筑、书画碑刻等历史遗存在全球山岳型景区中实属罕见。乐山大佛通高71米，是世界现存最大的一尊摩崖石像，以大佛为中心有秦离堆、汉崖墓、唐宋佛像、宝塔、寺庙、明清建筑等文化遗产群。

峨眉山-乐山大佛作为世界文化与自然遗产，展现了中华民族不畏艰险的精神价值、中华文明包容创新的文化价值、传统建筑精湛工艺的遗产价值、人与自然和谐共生的景观价值，已经为全世界人民所熟知，成为中华优秀传统文化的代表性符号、向世界展示中华文明历史文化价值的重要窗口，对于提升中华文明、中华优秀传统文化的国际影响力具有重要意义。

景区近三年游客接待量平均为944.5万人次/年以上，旅游收入平均360 559.1万元/年以上，外国游客人数平均达6.0万人以上。峨眉山-乐山大佛景区依托地脉、文脉和水脉资源，遵循市场需求导向原则，打破行政区边界束缚，整合具有紧密产业联系和共享客源市场的景区创建世界级旅游景区，对于全国旅游景区的整合优化和高质量发展具有重要创新示范意义。

景区创建任务将重点集中在增强旅游景区文化底蕴和可持续发展能力、提升旅游景区高质量供给和高水平管理能力、推进旅游景区共享发展和国际传播能力等三方面，以打造世界一流的旅游吸引力、旅游产品体系、旅游知名度和游客满意度为抓手，建成展现我国秀美自然风光、深厚文化底蕴和辉煌社会主义建设成就，以及具有行业示范性和国际影响力的国家旅游名片。乐山市已成立了峨眉山-乐山大佛世界文化和自然遗产保护委员会，将建立"1个市级委员会协调抓总，2个景区管委会落实属地行政管理责任，1个运营公司统一开发运营"的管理运营模式。

**（三）安徽大黄山康养旅游目的地**

近年来，安徽省委、省政府做出战略决策，依托黄山这个世界级品牌，联动黄山、宣城、池州、安庆四市，打造大黄山世界级休闲度假康养旅游目的地。这是安徽打造世界级旅游目的地，推进文化和旅游业高质量发展的战略谋划，也是建设旅游强国先行一步的实践探索。在省委、省政府的高位推动下，"大黄山"战略正在遵循平台赋能、双招双引、项目牵动、业态融合、产业升级的创新路径，加快布局康养旅居、医旅结合、文旅融合、特色小镇、低空经济和国际会客厅的建设，实现了英泽艺术馆、祁红小镇等一批早收清单，储备一批打基础、利长远、增后劲的大项目好项目。

安徽省依托国家和区域中心城市，着力构建"一区三圈四带"世界级旅游目的地总体发展格局。一是高水平打造以大黄山区域为重点的皖南国际文化旅游示范区，二是合肥都市科创文化休闲旅游圈、大别山红绿交融文化旅游圈、皖北文旅融合发展圈，三是长江、淮河、新安江、江淮运河文化旅游发展带。依托城市、辐射村镇、涵融景区度假区的协同发展格局，将有助于旅游资源的优化配置和产业要素的高能级整合。

**（四）贵州榕江体育旅游目的地**

贵州榕江和台盘村，用一种原生态的淳朴方式，为球迷打开了享受快乐体育的新格局。

2023年5月13日，由民间自发组织举办的榕江（三宝侗寨）和美乡村足球超级联赛开幕，现场万余人观看开幕式表演和足球比赛的盛况在全网爆火。自此，贵州榕江"村超"[榕江（三宝侗寨）和美乡村足球超级联赛]如火如荼，热度远远超过同期的国内专业足球联赛。

自开赛至总决赛期间，全网超过6亿人次在线观看"村超"直播，"村超"相关内容话题多次冲上全网各平台全国热榜，全网全平台综合浏览量突破350亿次。吸引游客338.4万人次，带动引流到周边县市的游客176.0万人次，实现旅游综合收入38.3亿元，同比增长164.1%。

而台江县台盘乡台盘村是"村BA"的发祥地。近两年，全国各家媒体竞相报道村里的篮球赛——激烈的角逐、热闹的场面、矫健的姿态引发了全国人民的关注。此后，各种"村BA"比赛如雨后春笋一般茁壮成长，"村BA"作为一种篮球亚文化逐渐为人所熟知。

借助着"村超""村BA"的崛起，黔东南州成为人们向往之地。据黔东南文体广电旅局数据统计，2023年"中秋、国庆"假日期间全州纳入重点监测的17家旅游景区共接待游客114.9万人次，同比增长451.8%，接待游客总量中占比由"五一"假日期间的20.9%提升至23.9%。其中，西江千户苗寨景区、镇远古城景区、丹寨万达景区接待人次20万以上。全州纳入重点监测酒店出租率达70%以上，在双节期间，黔东南州消费金额占全省整体的9.4%，全省排行第三。全州消费金额同比增长35.3%。

**（五）哈尔滨冰雪旅游目的地**

哈尔滨冰雪大世界是集冰雪艺术、冰雪建筑、冰雪体育于一体的大型冰雪主题活动。2023—2024冰雪季，第二十五届哈尔滨冰雪大世界火爆"出圈"，获得了"世界最大的冰雪主题乐园"称号。园区占地面积81万平方米，总用冰、雪量25万立方米，设有三大分区、八大网红爆款项目，如超级冰滑梯、雪花摩天轮、冰雪欢乐汇等。其巧夺天工的冰雕作品在白天晶莹剔透，而夜晚绚丽多彩的灯光亮起后，更是宛如琉璃仙境。2024年春节假期，哈尔滨成为热门旅游目的地，该届冰雪大世界元旦假日期间接待游客16.3万人次，同比增长435.0%，开园61天累计接待游客271万人次，充分展示了其独特魅力。

多年来，哈尔滨冰雪大世界深入挖掘冰雪文化，将冰雪文化与旅游、商业等多个领域进行有机结合，打造出一系列具有鲜明冰雪特色的旅游产品和活动，为游客提供更加创新、优质、丰富的旅游体验，吸引了无数游客前来游玩打卡。

**（六）美食旅游目的地**

淄博烧烤是淄博市的特色美食，以"小烤炉＋小饼＋蘸料"的独特吃法而闻名。2023年，淄博烧烤在社交媒体上走红，吸引了大量游客前来体验。淄博市积极响应，推出了一系列措施，如举办烧烤节、开通烧烤公交专线、加强市场监管等，为游客提供了更好的服务和体验。

天水麻辣烫则是甘肃省天水市的特色美食，以其独特的口味和制作方式受到游客的喜爱。2024年3月，天水麻辣烫在网络上走红，吸引了众多游客前来品尝。天水市也借此机会推出了一系列旅游活动和优惠政策，如举办"吃货节"、赠送景区门票等，进一步提升了天水的旅游知名度和吸引力。

# 第五章

## 国内旅游流动特征

# 一、国内旅游客流总体特征

## （一）旅游目的地可进入性进一步提高

交通运输部发布的《2023年交通运输行业发展统计公报》显示，2023年年末全国铁路营业里程15.9万公里，投产新线3637公里。铁路复线率为60.3%，电化率为75.2%。全国铁路路网密度165.2公里/万平方公里，比2022年年末增加4.1公里/万平方公里。

2023年年末全国公路里程543.7万公里，比2022年年末增加8.2万公里。公路密度56.6公里/百平方公里，增加0.9公里/百平方公里。

2023年年末全国内河航道通航里程12.8万公里，比2022年年末增加184公里。等级航道通航里程6.8万公里，占内河航道通航里程比重为52.9%，其中三级及以上航道通航里程1.5万公里，占内河航道通航里程比重为12.0%。

在交通基础设施快速发展的背景下，我国综合交通网总里程超过600万公里，国内旅游目的地的可进入性将进一步提高，广阔的生态空间和农业空间将发挥旅游功能，最终促进我国旅游目的地的快速发展。

## （二）高速旅游交通网络加快完善

2023年，我国完成交通固定资产投资39 142亿元，比2022年增长1.5%，对于拉动国民经济发展发挥了重要作用。

2023年，我国新开通的高铁里程为2776公里，高铁营业里程达到4.5万公里，占铁路营业里程比重达到28.3%。我国增加了高速公路里程6394公里，高速公路里程达18.4万公里，占公路总里程比重为3.4%，呈现出逐年提高的态势。

2023年，我国定期航班通航机场、通航城市（或地区）分别提高至259个和255个，全年旅客吞吐量达到1000万人次以上的运输机场达到38个，全年旅客吞吐量达到100万人次以上的运输机场102个。

在交通强国建设背景下，我国已建成全球最大的高速铁路网、高速公路网，高速交通基础设施覆盖范围持续扩大，将成为国内中远程旅游的重要支撑。

### （三）重大交通工程推进交旅融合发展

2023年11月4日，我国首艘国产大型邮轮"爱达·魔都号"正式命名交付。完成大型邮轮建造标志着我国成功摘取世界造船业"皇冠上最耀眼的明珠"，已具备同时建造航空母舰、大型液化天然气运输船、大型邮轮的能力。集齐造船工业"三颗明珠"是我国由造船大国向造船强国迈进的标志性一步。国产大型邮轮的交付运营，将促进我国邮轮产业经济发展和邮轮旅游目的地建设。

2023年10月31日，推动"四好农村路"高质量发展现场会在江西省井冈山市召开，会议提出推动农村公路新征程"新三通"，即有序推进较大人口规模自然村（组）通硬化路、建制村通等级路、乡镇通三级及以上公路建设。"四好农村路"建设将提升我国广阔农业空间和生态空间的可进入性，促进自然资源保护利用和乡村全面振兴。

2023年11月28日，跨越伶仃洋、连接广东深圳市和中山市的深中通道项目主线正式贯通。2024年6月30日，深中通道正式通车试运营，从深圳到中山的车程从原来的2小时缩短至30分钟。深中通道是环珠江口"A"字形交通网络骨架的关键"一横"，跨越伶仃洋，让"深莞惠"与"珠中江"两大城市群实现了跨海直连。深中通道全长约24公里，集"桥、岛、隧、水下互通"于一体，是世界上综合建设难度最大的跨海集群工程之一。深中通道将与港珠澳大桥、南沙大桥、虎门大桥等跨海跨江通道一起发挥叠加作用，推进粤港澳大湾区世界级旅游目的地建设。

### （四）农村地区旅游通达性稳步提升

我国交通运输积极服务乡村全面振兴，农村公路建设投资连续7年保持在4000亿元以上规模。2023年，我国农村完成4843亿元公路固定资产投资，全国832个脱贫县完成7183亿元公路固定资产投资。

2023年新改建农村公路里程达18.8万公里，年末农村公路里程达459.9万公里。其中县道里程69.7万公里、乡道里程124.3万公里。

农村交通网络通达性的提升，既有利于乡村旅游发展和乡村振兴战略的实现，又有利于充分挖掘农村巨大的潜在旅游客源市场，促进城乡旅游协同发展。

### （五）自驾出游占公路交通比重稳步提高

2023年，我国完成公路人员流动量565.6亿人次，比上年增长26.1%。其中，营业性客运量110.1亿人次，增长22.4%；营业性旅客周转量4740.0亿人公里，增长38.1%；非营业性小客车出行量455.5亿人次，增长27.0%。

据交通运输部统计，2023年我国平均每天超过1.6亿人次跨区域人员出行，其中有1000万人次乘坐火车出行、1.5亿人次通过公路出行、70万人次乘坐船舶出行、170万人次乘坐飞机出行。城市内平均每天近2.8亿人次通过城市公共交通及出租汽车出行。

上述数据显示，公路出行是我国跨区域人员出行的主要形式，非营业性小客车出行又是公路出行的主要形式，自驾车出行已经成为我国游客中短程旅游的主要出行方式。

**（六）远途城际旅游更多依赖高速交通**

2023年，我国完成铁路旅客发送量38.6亿人次，比2022年增长130.4%，完成铁路旅客周转量14729亿人公里，增长123.9%。我国民航运输机场完成旅客吞吐量12.6亿人次，比2022年增长142.2%。

我国选择高铁、民航等交通工具作为区域间出行方式的旅客比重迅速提高，国内游客中远程旅游更多依赖现代高速交通工具。

**（七）轨道交通成为市内旅游重要方式**

2023年，我国完成城市客运量1010.0亿人次，比上年增长27.7%。其中，公共汽电车城市客运量380.5亿人次，增长18.0%；城市轨道交通客运量293.9亿人次，增长52.2%；出租汽车城市客运量334.8亿人次，增长21.7%；城市客运轮渡客运量0.8亿人次，增长85.3%。

2023年，我国城市轨道交通运营线路308条、增加16条，运营里程10 158.6公里、增加604.0公里，其中地铁线路256条、9042.3公里，轻轨线路7条、267.5公里。

国内旅游呈现出本地化、短途化的特点。在城市内部的多元化客运方式中，城市轨道交通增长速度最快，已成为我国居民市内旅游休闲的重要交通工具。

## 二、国内旅游客流空间特征

**（一）省内旅游客流占国内旅游客流的3/4**

根据中国旅游研究院调查，2024年上半年国内旅游客流呈现出显著的本地化、近程化特征。近程的省内旅游客流占到了全部国内旅游客流的74.9%，而远程的省际旅游客流仅占25.1%。

# 第五章 国内旅游流动特征
Chapter 5 Characteristics of Domestic Tourism Flows

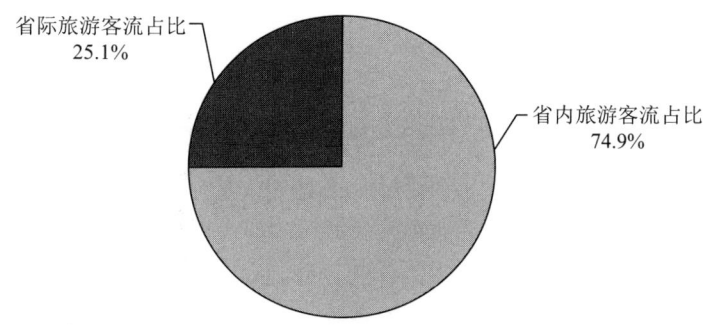

图 5-1  2024 年上半年省内和省际旅游客流所占比重

### （二）远程国内旅游流量呈现出随距离增加而减少特征

2024 年上半年，客流量排序前 100 的重要省际旅游客流占到全国总计 930 条省际旅游客流的 54.3%。

表 5-1  2024 年上半年重要省际旅游客流流向

| 地区 | 客源地 | 目的地 |
| --- | --- | --- |
| 东部地区 | 北京 | 天津、河北、山东、河南 |
| | 天津 | 北京、河北 |
| | 河北 | 北京、天津、山西、内蒙古、江苏、山东、河南、陕西 |
| | 上海 | 江苏、浙江、安徽 |
| | 江苏 | 上海、浙江、安徽、山东、河南 |
| | 浙江 | 上海、江苏、安徽、福建、江西、河南、湖北、湖南、广东、四川、贵州 |
| | 福建 | 江西、广东 |
| | 山东 | 北京、天津、河北、上海、江苏、浙江、安徽、河南、广东、陕西 |
| | 广东 | 福建、江西、湖北、湖南、广西、四川、贵州 |
| | 海南 | |

59

续表

| 地区 | 客源地 | 目的地 |
| --- | --- | --- |
| 中部地区 | 山西 | 河北、河南、陕西 |
| | 安徽 | 上海、江苏、浙江、河南 |
| | 江西 | 浙江、湖南、广东 |
| | 河南 | 北京、河北、山西、上海、江苏、浙江、安徽、山东、湖北、广东、陕西 |
| | 湖北 | 江西、河南、湖南、广东 |
| | 湖南 | 湖北、广东 |
| 西部地区 | 内蒙古 | 河北、陕西 |
| | 广西 | 广东 |
| | 重庆 | 四川 |
| | 四川 | 广东、重庆、贵州、云南 |
| | 贵州 | 重庆、四川、云南 |
| | 云南 | 四川、贵州 |
| | 西藏 | |
| | 陕西 | 四川、甘肃 |
| | 甘肃 | 陕西 |
| | 青海 | |
| | 宁夏 | |
| | 新疆 | |
| 东北地区 | 辽宁 | 北京、河北、吉林 |
| | 吉林 | |
| | 黑龙江 | 辽宁、吉林 |

资料来源：中国旅游研究院。

东部地区是最重要的远程国内旅游客源地和目的地，中部和西部地区在远程国内旅游方面与东部地区还有较大差距，东北地区的远程国内客流则较少。

远程国内旅游表现出相邻省份间互为客源地和目的地的特征。在全国 100 条重要省际旅游客流中，有 69 条客流为相邻省份之间的旅游流动，仅有 31 条客流为非相邻省份之间的旅游流动。

2024年上半年，全国客流量前10位的省际旅游客流按照流量从大到小排序分别为北京→河北、安徽→江苏、河北→北京、上海→江苏、广东→广西、江苏→安徽、广东→湖南、山东→江苏、江苏→上海、江苏→浙江。

2024年上半年，全国客流量前10位的省内旅游客流按照流量从大到小排序分别为广东省、山东省、四川省、河南省、江苏省、湖北省、河北省、湖南省、浙江省、安徽省。

全国省际旅游客源地排名前10位的是山东省、江苏省、广东省、河南省、河北省、浙江省、北京市、上海市、安徽省、四川省。

全国省际旅游目的地排名前10位的是江苏省、浙江省、河北省、广东省、四川省、安徽省、河南省、北京市、湖南省、山东省。

**（三）四大地区国内旅游客流量情况**

在全国100条重要省际旅游客流中，以东部、中部、西部和东北地区的省份为客源地的客流分别有52条、27条、16条和5条。

客源地在东部地区，主要省际旅游目的地是以浙江省、广东省、河北省、江苏省、山东省等地为主。以浙江省为例，旅游客流流向为浙江→上海、浙江→江苏、浙江→安徽、浙江→福建、浙江→江西、浙江→河南、浙江→湖北、浙江→湖南、浙江→广东、浙江→四川、浙江→贵州共11条。

客源地在中部地区，主要省际旅游目的地是以山西省、安徽省、江西省、河南省、湖北省、湖南省等地为主。以河南省为例，旅游客流流向为河南→北京、河南→河北、河南→山西、河南→上海、河南→江苏、河南→浙江、河南→安徽、河南→山东、河南→湖北、河南→广东、河南→陕西共11条。

客源地在西部地区，主要省际旅游目的地是以贵州省、云南省、四川省、重庆市等地为主。以四川省为例，旅游客流流向为四川→广东、四川→重庆、四川→贵州、四川→云南共4条。

客源地在东北地区，主要省际旅游目的地是北京市、辽宁省、吉林省、河北省。旅游客流流向为辽宁→北京、辽宁→河北、辽宁→吉林、黑龙江→辽宁、黑龙江→吉林共5条。

## 三、国内旅游客流发展趋势

### （一）国内旅游出行需求增加结构优化

2021年，中共中央、国务院印发了《国家综合立体交通网规划纲要》（下文简称《规划纲要》），并对我国未来中长期的居民出行需求进行了预测。《规划纲要》预测2021至2035年，我国旅客出行量（含小汽车出行量）年均增速为3.2%。其中，高铁、民航、小汽车的出行占比将不断提升，而公路客运占比将继续保持下降趋势。国际旅客出行以及城市群旅客出行需求将更加旺盛。从空间分布来看，东部地区仍将是我国出行需求最为集中的区域，中西部地区出行需求增速加快。

我国旅游出行需求将保持稳步增长的趋势，特别是高品质、多样化、个性化的出行需求不断增强，旅客出行结构进一步优化。

### （二）全国一体化旅游目的地加速形成

《规划纲要》预测到2035年，我国将基本建成便捷顺畅、经济高效、绿色集约、智能先进、安全可靠的现代化高质量国家综合立体交通网，实现国际国内互联互通、全国主要城市立体畅达、县级节点有效覆盖。

预计到2035年，我国将基本实现全国县级行政中心15分钟上国道、30分钟上高速公路、60分钟上铁路，市地级行政中心45分钟上高速铁路、60分钟到机场。基本实现地级市之间当天可达。中心城区至综合客运枢纽半小时可达，中心城区综合客运枢纽之间公共交通转换时间不超过1小时。旅客出行全链条便捷程度显著提高，基本实现"全国123出行交通圈"，也就是都市区1小时通勤、城市群2小时通达、全国主要城市3小时覆盖，全国享受1小时内快速交通服务的人口占比将达80%以上。

在建设"全国123出行交通圈"的背景下，全国一体化的旅游客源市场和旅游目的地将加速形成，都市区成为城市居民工作日的一体化休闲空间，城市群成为城乡居民节假日的一体化游憩空间。

### （三）国家综合立体交通网承载旅游客流

到2035年，我国的国家综合立体交通网主骨架将搭建完毕，它是我国区域间、城市群间、省际以及连通国际运输的主动脉，也将是我国交通效率最高、旅行速度最快、运输强度最大的旅游骨干网络。

我国的国家综合立体交通网主骨架实体线网里程 29 万公里左右,其中国家高速铁路 5.6 万公里、普速铁路 7.1 万公里。国家高速公路 6.1 万公里、普通国道 7.2 万公里。国家高等级航道 2.5 万公里。最终建成 6 条主轴、7 条走廊、8 条通道。

国家综合立体交通网中,京津冀、长三角、粤港澳大湾区和成渝地区双城经济圈 4 个地区作为极,长江中游、山东半岛、海峡西岸、中原地区、哈长、辽中南、北部湾和关中平原 8 个地区作为组群,呼包鄂榆、黔中、滇中、山西中部、天山北坡、兰西、宁夏沿黄、拉萨和喀什 9 个地区作为组团,打造由主轴、走廊、通道组成的国家综合立体交通网主骨架。

国家综合立体交通网主骨架将把我国的主要都市圈、城市群和城市化地区紧密联系在一起,全国性的旅游流将通过交通网主骨架快速流动。

**(四)国家旅游枢纽系统快速形成**

到 2035 年,我国将建设综合交通枢纽集群、枢纽城市及枢纽港站"三位一体"的国家综合交通枢纽系统。建成面向世界的京津冀、长三角、粤港澳大湾区、成渝地区双城经济圈 4 大国际性综合交通枢纽集群,建成 20 个左右国际性综合交通枢纽城市以及 80 个左右全国性综合交通枢纽城市,建成一批国际性枢纽港站、全国性枢纽港站。

在国家综合交通枢纽逐步建成的同时,我国旅游城市的国内外交通通达度将快速提升。依据交通融合的规划设计思路,综合交通枢纽的旅游功能将快速完善,我国将形成一批世界级旅游城市、国际性和全国性旅游交通枢纽。

**(五)区域旅游目的地内部一体化协同发展**

我国将推进城市群内部交通运输一体化发展。通过构建便捷高效的城际交通网,加快城市群轨道交通网络化,完善城市群快速公路网络,加强城市交界地区道路和轨道顺畅连通,到 2035 年基本实现城市群内部 2 小时交通圈。

我国将推进都市圈交通运输一体化发展。通过建设中心城区连接卫星城、新城的大容量、快速化轨道交通网络,推进公交化运营,加强道路交通衔接,到 2035 年打造 1 小时"门到门"通勤圈。特别是对于京津冀、长三角、粤港澳大湾区、成渝地区等重点都市圈,将建成具有全球影响力的交通枢纽集群。

在此战略背景下,城市群、都市圈内部的行政边界将被打破并实现一体化发展,都市圈将成为居民一体化的生活休闲空间,城市群将成为居民一体化的游憩度假空间。

### （六）交通和旅游产业深度融合发展

第一，交通网络与旅游线路融合发展。通过发挥交通促进旅游高质量发展的基础性作用，加快国家旅游风景道、旅游交通体系等规划建设，依托交通网络打造具有强大吸引力的旅游线路体系。

第二，交通设施与旅游设施融合发展。完善公路沿线、服务区、客运枢纽、邮轮游轮游艇码头等交通运输设施的旅游服务设施功能，推进城乡公共交通、自动驾驶、通用航空等与旅游融合发展。强化交通网"快进慢游"功能，加强交通干线与重要旅游景区衔接。

第三，交通服务与旅游服务融合发展。从游客需求视角出发，丰富交通运输服务的旅游休闲服务功能，鼓励发展定制化旅游运输服务，丰富邮轮旅游和低空旅游服务。

## 四、交通和旅游融合发展政策和典型案例

### （一）城乡道路客运与旅游融合发展

2023 年 3 月 10 日，交通运输部办公厅、文化和旅游部办公厅发布《关于加快推进城乡道路客运与旅游融合发展有关工作的通知》（下文简称《通知》）。《通知》指出，加快推进运游融合发展，着力构建便捷高效、服务优质、安全有序的旅游客运服务体系，是推进交通运输与旅游服务供给侧结构性改革的重要手段，是激发旅游消费潜力、释放市场活力的有效途径，对加快建设交通强国、旅游强国具有重要意义。

《通知》从提升"快进"交通网络衔接效能、提高"慢游"交通网络通达深度、完善节点设施服务功能、丰富旅游出行服务供给、推动旅游客运智慧发展、优化旅游客运市场环境、加强旅游与客运联合推介、切实强化政策保障等八个方面，提出了客运与旅游融合的发展思路和重点任务，包括设施融合、服务融合、产品融合、营销融合、政策融合等主要类别。

### （二）北京保障节假日期间旅游出行

2024 年 2 月，北京市针对春节假期节前和节后进出京客流增多情况，推出了十项便民交通服务措施，保障了居民和游客在节假日期间旅游活动的顺畅与安全。

（1）多条地铁线路延时运营。根据火车站、机场客流情况，适时启动运力提级保障机制，地铁线路备足运力、延长运营时间。

（2）动态调整公交车次和发车间隔。北京西站、北京南站、丰台站等始发途经的公交线路延长运营时间，增加夜间摆渡线路发车频次，安排机动车辆。

（3）公交开行多条摆渡线路接驳朝阳站。节前高峰，增加朝阳站与地铁6号线、10号线、14号线接驳公交线路运力投入。

（4）机场巴士增加运营线路。机场巴士结合乘客出行需求，调整站点设置，储备机动运力，做好机场兜底运输保障。

（5）出租车党员车队"保点"运输。春节期间组织巡游企业、18支党员车队驾驶员参与春运接续运输保障。协调重点网约车企业建立春运保障车队。协调相关部门设置网约车专用停车区域，优化保障组织流线。

（6）开行23条公交旅游专线。开行市区至古北水镇、慕田峪、红螺寺、潭柘寺等景区的16条观光专线和去往环球度假区、八达岭长城、副中心三大文化建筑的7条通游专线。

（7）加大重点景区、商圈停车供给。东城区在庙会周边设置两处临时停车位区域，副中心三大文化建筑拟结合周边闲置场地临时增设停车位2000余个。

（8）省际客运站提供24小时候车服务。增加一线站务人员、增设售取票窗口、延长预售票时限，向旅客提供24小时候车服务。

（9）开行旅游客运班线。开通六里桥等长途客运站发往延庆奥林匹克园区、国家高山滑雪中心等热门景区的旅游客运班线。

（10）高速公路做好免通服务保障。优化增加17条进出京高速公路收费站小客车通道，高峰时段开道率100%。高速公路服务区361个充电车位正常使用，增加3处司机之家。

**（三）新疆保障旅游旺季道路交通安全**

随着旅游旺季的到来，新疆公安交管、交通运输、应急管理等部门采取多项措施，全力保障旅游安全、道路畅通，让游客"顺心行、舒心游"。

新疆公安、交通运输等部门以独库公路为核心，强化区域联动、部门联动、保畅联动，紧盯旅游景区、热门线路等重点地区路段，按照"一景一方案、一路一对策"要求，提前做好分流疏导方案预案，全力疏堵保畅。在应急管理方面，各部门将相互配合，密切关注天气变化，加强信息共享，做好恶劣天气交通应急预案，确保隐患整改措施落实到位；做好做细景区景点、网红打卡点周边道路的安全引导提示，准备好电源、食物饮水、紧急药物等应急物资，及时提供应急服务，最大限度改善群众旅游出行体验。

# 第六章
国内节假日旅游特征

# 一、国内节假日旅游发展特征

## （一）全年节假日旅游市场高开稳走，供需两旺

受2023—2024冰雪季哈尔滨等北方城市的"破圈"、避寒季三亚等"线上未赢过，线下未输过"的南方城市热度持续，以及元旦、春节等假日旅游市场人潮涌动等在多重因素影响下，旅游消费热度高涨，供应链创新重构，旅游经济迎来了新一轮繁荣发展期。

作为旅游经济的晴雨表，假日旅游市场高开稳走，释放积极信号。元旦、春节假日的人潮涌动，迎来了新年旅游市场的开门红，为2024年全年旅游经济打开了高开高走的新通道。清明、五一、端午、中秋、国庆，长短不一的节假日为多元出游需求提供了丰富的时空选择。清明、五一、端午、中秋三天短假让城市游、乡村游、周边游、省内游需求充分释放。春节、国庆假期时间较长，为跨省远程游提供了更好的恢复期，游客走得更远，停留时长更久。假日里人潮涌动成新风尚、新常态，繁荣的假日旅游经济成为稳定市场预期、提振行业信心的关键抓手。

经文化和旅游部数据中心测算，2024年元旦假期3天，全国国内旅游出游1.4亿人次，同比增长155.3%，按可比口径较2019年同期增长9.4%；实现国内旅游收入797.3亿元，同比增长200.7%，按可比口径较2019年同期增长5.6%（见图6-1）。

2024年春节假期8天，全国国内旅游出游合计4.7亿人次，同比增长34.3%，按可比口径较2019年同期增长19.0%；国内游客出游总花费6326.9亿元，同比增长47.3%，按可比口径较2019年同期增长7.7%（见图6-1）。

2024年清明假期3天，全国国内旅游出游合计1.2亿人次，按可比口径较2019年同期增长11.5%；国内游客出游总花费539.5亿元，较2019年同期增长12.7%。

2024年"五一"假期5天，全国国内旅游出游合计3.0亿人次，同比增长7.6%，按可比口径较2019年同期增长28.2%；国内游客出游总花费1668.9亿

第六章 国内节假日旅游特征
Chapter 6 Characteristics of Domestic Holiday Tourism

元,同比增长12.7%,按可比口径较2019年同期增长13.5%。

2024年端午节假期3天,全国国内旅游出游合计1.1亿人次,同比增长6.3%;国内游客出游总花费403.5亿元,同比增长8.1%。

2024年中秋节假期3天,全国国内旅游出游合计1.1亿人次,按可比口径较2019年同期增长6.3%;国内游客出游总花费510.5亿元,较2019年同期增长8.0%。

2024年国庆节假期7天,全国国内旅游出游合计7.7亿人次,按可比口径同比增长5.9%,较2019年同期增长10.2%;国内游客出游总花费7008.2亿元,按可比口径同比增长6.3%,较2019年同期增长7.9%。

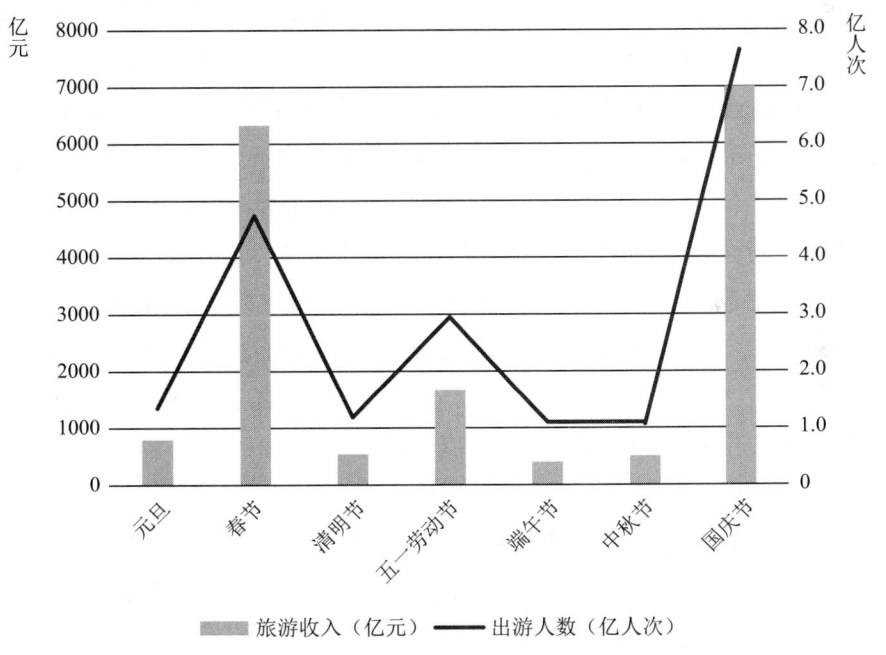

图6-1 2024年节假日出游人数和旅游收入

**(二)多样性、个性化旅游需求推动旅游市场发展**

旅游存量市场的美食旅游、体育旅游、生态旅游、艺术旅游、文物游径等主题旅游,反向、平替、宠物、骑行、游戏IP等小众旅游,以及"跟着音乐去旅游""跟着赛事去旅游"等时尚旅游,形成从哈尔滨的雪花到泉州的簪花,从贵州的"村超"、"村BA"、村歌到天水的麻辣烫等一拨又一拨的网红旅游目的地。多样性、个性化旅游需求与高品质旅游供给的耦合,有力推动了旅游业高

69

质量发展。

**（三）近程旅游是假日旅游的基本支撑**

以城市休闲、周边游、乡村游、本地游为代表的高频次近程游成为国民假日旅游的首选，自驾、骑行、徒步成为假日出游的热门方式，城郊亲水、采摘、农事体验、露营等项目受到青睐，文化场馆、商业街区成为游客的主要游憩空间。

疫情让人们更加深刻地认识到身边的美丽风景，更愿意体验日常的美好生活。近程旅游也因此而夯实了在旅游经济体系中的基础市场地位，并持续影响着旅游经济发展格局。尽管随着国内旅游市场的全面复苏，人们的出游距离、目的地游憩半径不断扩大，但近程旅游仍然是国内旅游发展的基础支撑。

**（四）呈现"南北互换、东西互跨"特征**

春运开始以来北方居民纷纷南下，南方居民到北方滑雪、赏冰成为新时尚。广东、四川、广西、湖南、贵州等南方目的地热度高；黑龙江、吉林、新疆、辽宁、内蒙古等地依托丰富的冰雪资源举办冰雪旅游节等活动，丰富冰雪旅游消费新方式，释放假日旅游消费新动能。

东西互跨旅游的文化体验差异极大，东部是以传统文化为主且融合了多元现代文化的区域，西部则有丰富多彩的少数民族文化，东部游客到西部能深切感受到少数民族独特的歌舞、服饰、节庆等文化魅力；西部游客到东部则能感受到现代都市文化、海洋文化等的冲击和融合。

## 二、国内节假日旅游发展趋势分析

**（一）节假日出游人数和旅游收入上升**

随着人们生活水平的提高和休闲意识的增强，每逢节假日，大量民众选择出游。2024年的元旦、春节、清明、五一、端午、中秋和国庆节假日，全国旅游出游人数比2023年分别增长了154.7%、53.9%、395.8%、7.7%、3.8%、5.6%。

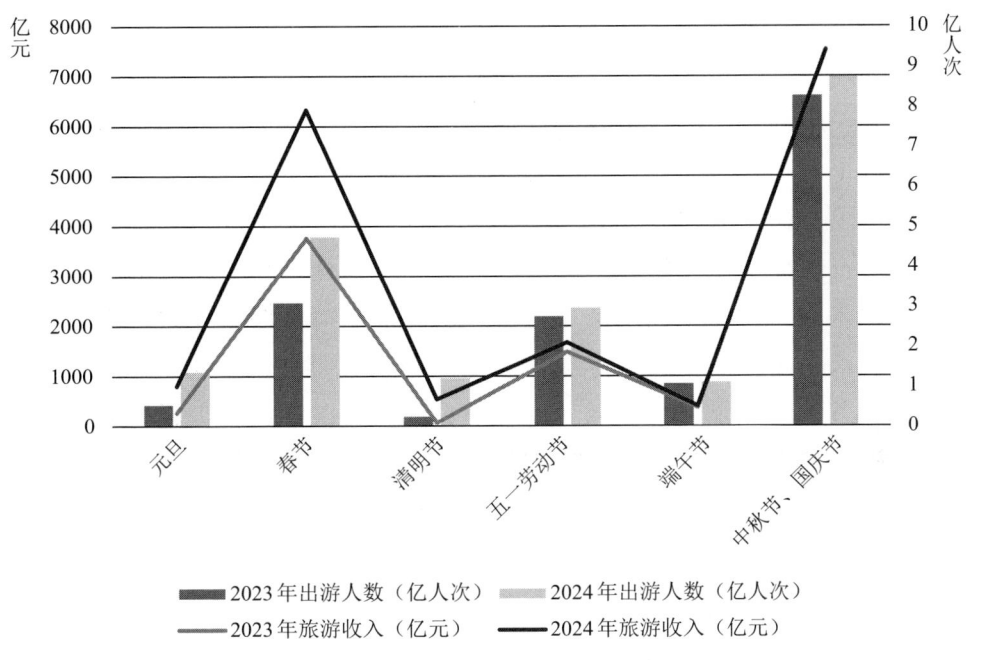

图6-2 2023—2024年节假日旅游人数和旅游收入

**（二）冷点转温，旺季更热，消费增长带动旅游业态创新**

2023—2024冰雪季，全国冰雪旅游首次超过4亿人次，收入达5500亿元。冰雪旅游休闲正在东北、华北、西北形成"三北之弧"，走向长三角、珠三角、长江中游、川渝、中原城市群"多点连片"的新空间格局。北方滑雪场显著增加的同时，融创雪世界、复星阿尔卑斯、海昌海洋世界、银基度假区等冰雪旅游休闲项目在华中、华东和华南地区也在加速布局。冰雪旅游的持续增长带动了产品研发、装备制造、节庆展会、旅行服务等产业上下游的业态创新，并带动了高质量就业的增长，"冰天雪地也是金山银山"得到了旅游经济的实践检验。

避暑旅游、康养旅居、研学旅游、夜间旅游共同拉升了暑期旅游经济热度，文化和旅游在更广范围、更深程度和更高水平上加速融合。多个平台的避暑旅游搜索量及订单量接近翻倍，庐山、莫干山、长白山、千岛湖、太湖、北戴河、贵阳、承德、都江堰、恩施、武隆等传统避暑旅游目的地接待量持续增长。贺兰山、秦岭、沙坡头、张北等山岳、草原和沙漠新型度假区的兴起，正在改变传统的避暑旅游空间格局。在交通基建领域投资机构和市场主体的推动下，在数字化和新科技的赋能下，旅游包机、旅游专列、房车自驾车、邮轮游船等旅游新业态呈现加速增长的态势。老年旅游、亲子研学客群和夜间旅游有力促进了非假日出游的时空均衡，为旅游产业链的延展、生态谱系的丰富提供了新旧动能转换的市场基础，拓展了高质量就业新空间。

### （三）普通城市、小机场城市、中小城市成为国内旅游新的增长点

旅游消费的更加理性与"性价比"优势让普通城市和中心城镇旅游业迎来了属于自己的春天。在整体消费偏谨慎和出游需求高涨的双重因素影响下，理性消费、追求"性价比"成为游客决策的主导因素。"要出去玩，要玩得好、要玩得值"让那些客流量偏小、知名度不高、开发程度低但旅游资源不逊色，且具备一定接待能力的高性价比小城市受到广泛追捧。去哪儿网数据显示，春节假期以"小机场城市"为目的地的机票预订量同比增长近2倍，城市景区预订量同比增长近1.8倍。这一趋势的出现显然将带来全国旅游目的地格局的重构，一方面有望缓解客流经常超负荷的头部城市和头部景区压力，另一方面也为中小城市的旅游资源开发、招商引资和旅游目的地建设带来更多的可能性。小机场城市等高性价比目的地客流增加，加上越来越多农村居民成为旅游初体验者，对旅游客单价形成了向下的压力。小机场城市以其特色资源、人间烟火气和高性价比成为热点旅游目的地，杭州、广州、三亚等旅游城市依托其完善的商业环境、基础设施、服务品质等始终保持旅游热度。

## 三、国内节假日旅游发展政策和典型案例

### （一）冰雪旅游热度持续攀升

贯彻落实习近平总书记"冰天雪地也是金山银山"发展理念，"把发展冰雪经济作为新增长点，推动冰雪运动、冰雪文化、冰雪装备、冰雪旅游全产业链发展"，实现新时期我国冰雪旅游高质量发展。

黑龙江开展冬季冰雪旅游"百日行动"，充分发挥冰雪资源优势，春节推出跨年夜现场演出等活动，重点景区、地铁、公交延长运营时间，暖心的旅游服务细节成为网络热点。辽宁推出"山海有情 天辽地宁"冬季主题系列活动百余项，将冰雪温泉、民俗文化与体育活动深度融合。北京发放3万张冰雪消费券，助力激发节日消费活力。华东、华中、华南等地冰雪休闲热度同样攀升。城市冰雪主题项目、主题公园成为居民休闲娱乐的重要消费场景。

中国旅游研究院冰雪旅游专项调查显示，在被调查者中，有66.2%的游客希望在2023—2024冰雪季体验冰雪休闲旅游活动，其中，42%的游客希望能够进行远距离的冰雪旅游，24%的游客希望同时开展近距离和远距离的冰雪休闲、冰雪旅游，54.1%的游客会在这个冰雪季增加或者维持往年支出水平去开展冰雪休闲旅游活动，64.8%的游客会增加冰雪休闲旅游的频次，这说明远距离冰雪旅游和近距离冰雪休闲的消费信心和出游意愿强烈。

### （二）多元场景助力文旅火热出圈

传统的海滨城市、自然风光、历史遗迹已经无法满足假期出游人的乐趣，各省市不断上新文旅消费新场景，深度赋能乡村旅游发展，持续提升旅游服务水平，为促进消费、助力经济社会发展做出了贡献。

近年来，四川都江堰市灌县古城挖掘文庙、茶马古道等历史文物资源，推出"幸福川剧"等戏剧表演，举办"灌县古城巡游"等特色活动，打造"茶马古道第一街+幸福路+南桥+自拍熊猫"网红地标。灌县古城自2022年创建成为国家级夜间文化和旅游消费集聚区以来，已接待各地游客1177.2万人次，实现旅游收入5.9亿元。

国庆黄金周期间，北京市发挥"演艺之都"资源优势，依托各大剧院平台和演艺新空间，加强各门类优质演出供给，带动"跟着演艺游北京"的热潮。主题展演、演唱会、音乐会、话剧、戏曲、亲子演出、国外好剧等"百花齐放"，为市民、游客奉上高品质艺术盛宴。

### （三）政策惠民、暖心服务

为了让游客玩得更开心、出行更顺畅、享受的服务更周到，各地各部门开展服务提升行动，出台一系列提升人气、促进消费的优惠政策。

吉林市假日期间针对重要景区景点、网红打卡地、城市景观路、城市窗口等区域开展环卫设施大清洗行动，所有公共卫生间实行24小时开放和定时保洁，发布"江城找厕所"手机微信小程序方便游客使用。138处停车场和9197个停车泊位免费停车、66条公交线路免费乘车方便市民游客出行，公安交巡警部门每日出动1252人次警力确保街路畅通。12345便民服务热线第一时间接通、转办、处理实现游客满意度100%，发布消费提示、开展市场消费整治行动、强化大型活动和重点点位安全保障，确保文旅市场运行稳定。

国庆黄金周时期，浙江衢州在保持正常办公秩序的同时，拆掉围墙、打开食堂大门，让公共资源真正服务于民。食堂采用点餐模式，荤菜5~10元，素菜

3 元，菜品精选了衢州"百县千碗"的特色风味，还有"网红"菜品兔头、鸭头、粉干等，18 元一份的套餐包含一荤、一半荤和一素。同时，为了把特色菜品留给市民游客品尝，国庆假期值班的政府工作人员被安排到其他食堂就餐。这一举措不仅为市民和游客提供了安全优质实惠的餐饮服务，也体现了当地政府的开放姿态与服务意识，增强了政府部门与民众之间的情感联系，收获了一片叫好声。另外，按照惯例，衢州市区所有机关单位依然面向市民游客打开院墙，提供免费停车服务。